改革中国
改革 中国

十六位学者论
改革开放四十年

澎湃研究所◎编著

上海人民出版社

1 忆 往

我的1978 / 005
周晓虹 / 南京大学当代中国研究中心主任

那段难忘的知青岁月 / 020
赵鼎新 / 浙江大学人文高等研究院院长

激情年代的改革 / 027
张 军 / 复旦大学经济学院院长

一家子教我的"改革" / 052
刘守英 / 中国人民大学经济学院教授

2 宏 论

改革下一程的三大重点任务 / 063
田国强 / 上海财经大学经济学院院长

"静悄悄"但"革命性"的社会变迁 / 070
吴晓刚 / 香港科技大学社会科学部讲座教授

中国拥抱全球化的40年 / 078
高 柏 / 杜克大学社会学系教授

目录

3 社会

人口模式变化下的中国老龄化 / 085
彭希哲 / 复旦大学人口与发展政策研究中心教授

留学与海归背后的制度变迁 / 094
崔大伟 / 香港科技大学人文社会科学学院讲座教授

中国人口政策改革的机遇与启示 / 104
王 丰 / 复旦大学社会发展与公共政策学院教授

成为服务型政府的难题 / 110
张 斌 / 中国社会科学院世界经济与政治研究所研究员

喜忧参半的医疗改革 / 115
朱恒鹏 / 中国社会科学院公共政策研究中心主任

被计算机改变的人生 / 126
沈向洋 / 微软全球执行副总裁

CONTENTS

4 政 治

中国政府治理的变革与现代化 / 135
周黎安 / 北京大学光华管理学院教授

廉政建设的演变之路 / 152
朱江南 / 香港大学政治与公共行政学系副教授

政商关系的中国道路 / 162
耿 曙 / 浙江大学社会学系文科百人计划研究员

后 记 / 171

1

忆 往

我的1978 / 005

那段难忘的知青岁月 / 020

激情年代的改革 / 027

一家子教我的"改革" / 052

我的 1978

周晓虹

南京大学当代中国研究中心主任

尽管我作为志业的社会学强调客观中立，但在 40 年后下笔谈及当年那场意义广远的高考改革，我脑子里最初顽强地浮现出的标题却是："1978 年颂"。在这场改变了几十万并陆续改变了上百万人命运的高考改革过去 40 年时，当我们这些受惠于这场史无前例的变革，并因此改写了自己人生轨迹的人陆续进入花甲或古稀之年时，这场伟大的变革所具有的社会意蕴确实值得人们探讨和称颂。

一

1975 年，我高中毕业。尽管狂飙突进式的"革命"已经过去，但我们这些中学生依旧保留了那个时代的激进特征。激进的特点之一就是高中毕业后毫不犹豫地选择上山下乡，当时流行的说法是：是否"走与工农相结合的道路"是革命与否的"试金石"。最初，我与同班的邹进、吴矢想去河南兰考插队，后来邹进去了内蒙古插队，尽管因为妈妈的阻止我未能与邹进同行，但我一直没有动摇过去农村插队落户的决心。

　　1975 年 12 月，在妈妈当时所在的南京无线电原件七厂当了三四个月临时工后，我按照户口所在地街道的安排，到南京附近的江宁县土桥公社周郎大队插队落户。在农村插队的两年，第一年在知青聚集的林业队，除了剪桑枝、施肥、培土，也常常会被大队抽调打些杂，从写大批判稿、组织批判小分队到担任专案组长，几乎什么事情都做过。比如，我所负责的专案组，处理的是彭家边 13 队伪保长儿子的奸淫案，时年我刚刚 19 岁，对男女之事不甚知晓，但凭着正直和热情把嫌犯从其他知青将其吊起的房梁上放下，苦口婆心晓之以理、动之以情，劝说其到凌晨 3 点，促使其低头认罪。记得回城时和父亲谈起，父亲也大吃一惊："你们大队怎么让你们干这事？"当时我还反问："这有什么不能干？我干得很好。"其实，所谓"干得很好"，在当年的秋天就证实是一场冤案。在"农业学大寨"工作队来了以后，发现真正的元凶其实是大队党支部书记。几年以后，在"伤痕文学"的大潮中，已经在南京医学院医学系读书的我据此写成了小说《天罪》，以控诉"文革"中盛行的出身论。可以说我对"文革"的反思最早始于这起我参与制造的"冤案"。

在林业队劳动,虽然深秋剪桑叶枝时曾连续几天满手都是血泡,但比起到下面的生产队干农活,毕竟还是轻松的差使,起码一天三顿不用自己烧饭吃。不过,好景不长。自第二年秋天我参加"农业学大寨"工作队,去比较贫困的第11生产小队蹲点三个月,再留在那里当队长后,日子就苦起来了。那年我刚刚19岁,不但天天要和农民同劳动,而且还担负起了管理133口人吃喝拉撒睡的重任。

我记得当时我们大队一共有70多名知青,其中有几个插队快10年了,来了三年五年的更多。因为国家一直在提倡"扎根农村一辈子",加之当年的我刚到农村插队不过两年,并且自以为"志向远大",所以一直到粉碎"四人帮"的第二年即1977年秋天听说高考制度改革,几乎各种人都能自由地去报考离开农村时,那腔"革命热情"堵在胸中还是几天没有回过劲来。我后面要说到,因为这腔还没有化的"革命热情",或者说因为多少有些"骑虎难下"——我那时小小年纪,已是生产队小队长、大队团支部书记、全县农业学大寨"积极分子"——在后来的考大学复习中倒帮了我大忙。

记得1977年邓小平刚刚复出,就决定在当年废除"文革"中推行的所谓"自愿报名,群众推荐,领导批准,学校复审"的大学招生的"十六字方针",在废除高考10年后恢复了高校考试入学制度。因为邓小平恢复党和国家领导人职务时已是这一年的7月,所以这一年的改革到9月才真正定调,而通过新华社、《人民日报》和中央人民广播电台播报出新闻，更是到了初秋的 10 月。我记得，几乎所有的人都是在惊愕中报的名，因为大学 10 年没有公开招生，那一年报名的人一共有 570 万人。用我们后来戏谑的话说，十年的"陈渣烂谷子"一年都翻了出来。单单我们一个公社，连知青和回乡青年，报名的人竟有 500 人之多！

　　几乎所有的知青，在报名后都立即回了南京城。显然，一来城里资料好找，二来一日三餐父母都包了下来，三来可以找中学母校的教师辅导。说句实话，我看到别人都回了家，心里自然也十分渴望，家里毕竟要舒服多了。不过，因为前述"骑虎难下"的原因，也因为队里的农民确实不愿意我回去，我只能选择留下。不过，我心里清楚，虽然我中学时代一直都是班里的学习尖子，但一者我们那个地处城乡结合部的中学教学质量一般，二者毕竟几十个人才能考上一个，我再像以前那样和农民一起"同吃、同住、同劳动"、不玩命复习是肯定不行的。所以，我记得几乎是在报名的当晚，我就召集队委会开会，告诉他们，既然你们都不希望我回去，那我就自己派工了，从现在起我负责看管村边田头的鸡鸭，不让它们吃稻子。这活以往总是派老年妇女去做的，这年成了我的"专利"。

　　这活干了半个多月，我每天都坐在村边与稻田交界的地方，赶一阵鸡鸭，做上几道数学题。到了 11 月，天冷了，稻子也都收割了，看鸡鸭的活自然是无法干了。我就又给自己"派活"，改成看场。从稻子收割入场，到脱粒下来交粮或入库，前后看了有近2个月。我们那个生产队，因为都是丘陵山地，所以虽地处锦绣江南还是穷得厉害，干一整天工分也不过2角7分钱，所以以前的每一茬干部都多吃多占，农民小偷小摸的更是不计其数。我当工作队员时，小队会计曾向我"汇报"，说张三家偷过什么，李四家偷过什么。我当时年轻，既直率单纯，又多少有些恶作剧的心理，随口问道："那你呢?"他愣了一下，脱口答道："那，都有一点的。"正因为这样，弄的农民对除我以外的任何本村人都没有信任感；也正因为这样，队里的打谷场和仓库不敢建在村旁边，而是建在了300多亩丘陵地的中央——以免晚上哪个人想偷东西三步两脚就溜过去，土坯垒的仓库撬起来一点都不费劲。

　　我每天晚上6点上工。吃了饭，自己背着装满书的书包去仓库，迎面是收工的农民。到了仓库，最后走的农民对我做完交代，我就走进仓库，将一张大桌子抵在仓库门口，盯着场上的稻谷，然后铺开书本纸张，点上煤油灯，专心致志地复习迎考，好在队里那条一有动静就乱叫的狗也可以帮我看场。我们村的打谷场原先是一片坟地，后来推平了东面一半，北建仓库、南作打谷场，西面一半还是坟地。每到深夜，嗖嗖的北风，吹打着坟地里的灌木飒飒作响，门外那片景象真称得上是"落日无人松径里，鬼火高低明灭"。我是在空军的飞机场里长大的，跑道边即是大片无人管理的坟地，到了晚上就是我们这些顽皮的孩子玩打仗游戏、"官兵捉强盗"的绝佳"战场"。因为这个缘故，我虽然生得远不算强壮，但胆子一向都大得惊人。这样一来，这和"林冲看草料场"十分相似的境况，对我来说非但一点都不灰暗，更谈不上残酷，反而为我提供了一个十分理想的复习场所。我在那里每夜可以一口气看上12个小时的书，到早上6点农民起来出工的时候，就背着书包回去，在房东家吃了早饭睡觉，一觉睡到下午两三点钟起来后再看两三个小时的书，吃了晚饭和队委交代几句就再去看场。这样，每天的复习时间可以保证在15个小时上下。

后来想想，我真应该感谢前述"骑虎难下"的局面，因为无法回城，虽然少了向中学时代的老师请教的机会，少了和同时报考的同学相互切磋的机会，但却充分获得了时间和精力。尤其是晚上的12个小时，真是除了和坟地里的鬼去聊天，连个搭理你的人也不会有。这种"孤独求学"的好处后来很快体现出来：1977年的高考，因为报考人多，江苏分初试和复试两轮筛选。和我同一个知青户的好友施跃，初试分数比我高，但后来复试却名落孙山，到第二年才考上南京工学院。我觉得毕业于南京四中的他，基础绝对不比我差，可能还是因为回城复习，分散了精力的缘故。

我在中学里学习不错，但以文科见长，本来应该考文科才称得上得心应手。我高中时的班主任龙传贤先生，是1945年中央大学物理系的毕业生，但一生贫病潦倒。1972年，龙先生从南京一中"下放"到我们那个处在城郊结合部的光华门中学任教。他和我们的化学教师，也是中央大学毕业，并且同样从一中"下放"来的丁又川先生（丁老师的公子丁方，现在是中国著名的画家），保证了我们在那个不学无术的年代、地处城乡结合部的边缘中学获得了良好的教育和充分的激励（1977年，我们那一届5个班只有我们一个班有人考上大学，而且是一届5个）。因为爱戴和崇拜自己的老师太甚，也因为内心的悲凉，我记得我一直有这样的想法，这辈子什么都可以去做，就是不当中学老师！在这样的心理驱使下，我不敢考文科，毕竟考不上南京大学这样一流大学的文史哲三系，充其量最好的就是上师范大学，毕业以后当中学教师。这就是我为什么当时选择了考理科，在后来选填志愿时又填报了医学的缘故。那时的我尽管在农村已经"经风雨、见世面"，但内心还是十分的单纯，认为鲁迅、郭沫若都是弃医从文的，以为选择医学能够为今后从事文学留下一条退路。

初试是在自己公社的中学里考的。那年头政治挂帅，包括高考这样的事情也都是政治任务，所以考完以后自己上没上并不通知你本人，我记得是大队书记去公社开会才知道的。书记回来以后很高兴，因为我们大队初试有三个人通过了，这在全公社16个生产大队里算是名列前茅。初试之后，大概又过了近一个月，复试开始了。那年只考4门课，政治、语文、数学和理化。考试的地点在我们那个片区的淳化中心小学，记得第一场数学考试结束后，在隔壁考场的施跃已经出了门，站在我们考场的窗前非常兴奋地向我招手。我有一题半没有做出来，当时铃声已经响了，只能站起来等待收卷，看到施跃的样子自己自然非常懊丧。走出考场，往镇里找饭馆去吃饭时，和包括施跃在内的一路人对题都对不上，最后大概对了 20 个人终于在饭馆里和一个不相识的知青对上了。这时，我才确信，除了那一题半外，我的数学题都做对了。而且最重要的是，做对的人少之又少！

本来到了这步，已经没有什么悬念了。哪里知道 1978 年的元旦又赶上一场车祸。说起车祸，还是要回到刚才说的我们队里的情况。因为穷，人人爱占小便宜；也因为穷，人人互不相信。所以，我到队里以后，每次去公社粮管所卖粮，社员们都希望我去押车，否则他们怕去的人偷两簸箕稻子在黑市上卖掉下馆子。那时的我除了冬季以外，上身常常穿件破衣服，下身是件补满补丁的蓝军裤，赤着脚，很像农民，只是腰间却挂一条从父亲那里要来的挂钥匙的牛皮手枪带（那是当年的时髦标志）。有一次去粮管所卖粮，一个平日里吆三喝四的粮管员，看看我说了声，"现在是人是鬼的都挂根手枪带"，队里的拖拉机手听了就告诉他，我的父亲是军官。临走时，那人凑上来问我，能不能帮他搞一顶军帽？我自己很少戴帽子，第二次来的时候就把自己的单布军帽给了他。这顶军帽后来发挥了巨大的作用。原先百般挑剔的这个家伙，后来只要一看我押着拖拉机来，就会大声吆喝，"闪开，闪开，周郎 11 队的来了"。而我们的稻谷常常也能在他的手上二等变一等、三等变二等。不过，这样一来，卖粮也成了我的"专利"，每一次都非我去不可。1978年元旦，天异常得冷，我和另一位农民坐在拖拉机上用芦席盘起的高高的粮垛上，车开到离公社还有两里地的地方，因为拖拉机手打哆嗦，车拐弯时翻了，我和那个农民从粮垛上被抛了出去，在沙石铺就的乡间公路上头皮被擦掉一块。以致不久在县里医院体检时，全身都快脱光了，唯独头上还顶了一顶棉军帽。医生让我脱了帽子，看到上面缠的纱布问怎么回事？我不敢说是车祸跌的，以免他要查脑震荡是否留有后遗症，只能说是生了疖疮。

考试结束后，我还在队里劳动了两个月，一直到拿到江苏新医学院医疗系的录取通知书。那一年，全公社500多人报考，只有4个人录取。后来，等我们走了以后，据说77级扩招，又有几个人拿到了录取通知上专科。临走的那天，我父亲要了辆军用吉普来接我，我的东西连同农民兄弟送的近百枚鸡蛋都放在车里，规定要上缴到公社知青办的床和农具车里放不下，村里的农民硬是敲锣打鼓抬着那些东西送了我八里路。我一路和农民走着，除了神志还算清醒，那心里高兴得真的和范进中举一般。

回到家里，正好是春节前，我中学同班的朱宁生考上了中国科技大学物理系、蒋白纯考上了南京大学数学系、邹进考上了吉林大学中文系，唯一录取的女同学贺童英考上了南京邮电学院。我记得寒假里大家去了一趟莫愁湖公园的湖心岛，相互赋诗祝贺。在大学里就参加了诗社、后来曾在《人民文学》担任过诗歌编辑、现在是中国最大的民营书商"北京人天书店"的董事长邹进，为我写了首贺诗，最后的两句是"有朝乘舟去，江上有新医"。遗憾的是，最终，因为对文科的挚爱，进了南京医学院的第二年末我还是改了行，转入马列师资班读哲学，没能成为悬壶济世的医生。而江苏新医学院，在我们 77 级进校的时候也开始一分为二，恢复为"文革"前的南京医学院和南京中医学院。这时，也就是我们真正进校的时候，其实已经是 1978 年春天。我记得清楚，报到的那天是 3 月 5 日，而我在前两天也刚刚过了21 岁的生日。

二

这场 40 年前改变了我和 27.8 万 77 级人命运的高考所具有的社会意蕴不言而喻，事实上因为恢复了自 1966 年"文革"开始被取消了的高考，它从本质上也改变了更多人的历史命运：可以说从 77、78 和 79 三级大学生（作者注：这三届大学生因为有许多人入学前都具有插队、做工和当兵等在基层社会工作的经历，年龄更是从 15—30 岁不等，我一直将这群大学生甚至包括那些年里的中专生和 79 级第一届"电大生"都统称为广义上的"77 级"。）一直到今天的年轻一代都受惠于这场历史性的变革。

我们知道，自 1966 年，为了培养"共产主义新人"，在与

"文革"基本同步的 10 年"教育革命"期间，不仅取消了高中毕业生直接升入大学的"高考"，而且各种新奇甚至荒诞的"新生事物"不断涌现：为了结束资产阶级知识分子对学校的统治，除了向大中小学派出数量庞大的工宣队、军宣队和贫宣队外，还派出了由工人、农民或解放军战士组成的工农兵讲师团，除了讲政治课外，后来还承担起了包括科学技术和外语在内的各种专业课程，尽管这些"创新"闹了许多令人忍俊不禁的笑话；厂、校、社挂钩，办各种"学农"、"学工"基地，不但让学生定期去工厂或人民公社参加工业或农业劳动，而且将教学课程和生产劳动结合起来，甚至中学里的物理课就叫"工业基础"，化学课就叫"农业基础"；在学制上，压缩学制，取消考试，或改革考试制度——开卷考试或开门考试（即到工厂或农村等实践第一线，结合问题考试）；在教学上，理工科"结合典型产品教学"，文科"结合战斗任务"教学；按照毛泽东有关教育革命的不同内容的指示和不同指示发表的时间，在城市中，创办面向本单位或本系统职工招生，毕业后回车间的"七二一"大学，在农村的县、社、队或农场，则创办与此相应的"五七学校"；而当年最为炫目的"新生事物"则莫过于通过推荐制度而进大学的工农兵大学生。1970 年即大学停招四年半后，从有 3 年以上实践工作经验、初中以上文化程度的工农兵中招收学生，招生的程序是：群众推荐、领导批准、学校复审。此后一直到 1976 年，7 年中共招收工农兵大学生 94 万人，占 1949 年后毕业大学生总数的 21.4%。

推荐制的盛行，不仅为开后门留出了充分的余地，也导致了生源水平的极度低下。1973年后，为了亡羊补牢，国务院批转同意有关部门提出的高校招生增加文化考查的决定。在这样的背景下，辽宁出了"白卷英雄"张铁生。为了压制人们对张铁生之流的不屑，最早在辽宁的沈阳医学院对教授们进行了突然袭击式的考试，以证明"张铁生交白卷是可以理解的"。

这场长达10年的"教育革命"，以及1968年开始的大规模的上山下乡运动，颠倒了师生关系或者说教育者和被教育者关系，损害了数千万青年正常就业和受教育的权力。在社会学家周雪光和侯立仁进行的一项涉及6个省份、20个城市的较大规模的抽样研究中，知识青年在农村的平均插队时间为6年，其中10年以上的达19.3%，5—10年的达39.3%，5年或5年以下的为41.4%。而随后的描述性统计发现，三类城市青年群体中，后来接受过高等教育的比例最低的是无下乡经历的青年群体（8.4%），最高的是在农村插队不到6年的知青群体（14.2%），而超过6年以上的知青群体则明显低于6年以下的群体（仅为9.5%）。研究者认为，插队6年不到的知青群体上大学的比例之所以最高，"也许和知青们艰苦的生活经历激励他们下定决心要通过教育途径重新找到他们的社会位置有关，但1977年恢复高考对那些在农村呆了6年以上的人来说却来得太迟了"。确实，太长时间的风吹雨打、艰苦劳作在摧毁了他们的人生志向的同时，掏空了他们的精神世界。从这样的意义上说，77级里

那些30岁左右的年长同学，在中学时代一定都是凤毛麟角的
"学霸"。

其实，"文革"10年也同样给那些因各种各样理由而留在城
里的青年群体带来了伤害。在那些年里，留在城市里的高初中毕
业生所分配的单位也大多是饭馆、菜场或街道办的小企业。我到
现在还记得，中学同班同学姬宏被分配到街道办的金属丝网厂，
当18岁的他怀揣美好的人生理想第一次跨进厂门时，看到逼仄
的院内满是席地而坐、靠手工编制金属丝网的中老年妇女时，禁
不住流出了绝望的眼泪——比较而言，我们插队农村虽然艰苦一
些，施展的天地还真的要广阔得多。

2017年10月我去美国北卡罗来纳州参加会议，专程就此访
谈了海波因特（High Point）大学历史系的邓鹏教授。1964年
16岁就因家庭出身不好而去大巴山里插队的邓鹏，撰有英文著
作《被放逐的朝圣者——文革前知青的精神炼狱》(2015)，是知
青研究领域的专家。他也说道，虽然毛泽东时代的社会动员和红
色"革命"信念是促使他下乡的主要动机，但因为初中时代学习
名列全班第一，因此心高气傲，不愿等在家里，或去小饭店或菜
场就业也是他选择上山下乡的原因之一。

美国学者埃尔德在《大萧条中的孩子们》一书中，欲图通过
研究社会变迁对个体生活经历的影响来研究变迁过程，他注意到
"个体的生命历程嵌入了历史的时间和他们在生命岁月中所经历
的事件之中，同时也被这些时间和事件所塑造着"。这种塑造既

可能是积极的，也可能是消极的。我们承认也看到了"文革"和后来的知识青年上山下乡对其参与者的积极塑造，这个群体中的一部分人——主要是那些 1977 年后考上大学的人——后来成了著名的作家、艺术家、教授，或者成为政府部门和工业组织中的领导者和管理者，中共十八大后，同样出自知青群体的习近平、李克强等人甚至成了党和国家的主要领导人。他们早年在农村以及工厂劳动锻炼的经历，为他们了解中国社会和中国国情奠定了基础。一如周雪光和侯立仁所说，"通过各种重要的途径，知识青年已经对中国的经济转型做出了贡献"。但是，需要指出的是，上述成功者毕竟只是一部分人。我们这里所讨论的 77 年的高考改革，在当时真正能够改变的也只是极少一部分人的命运，许多年轻人在经历返城、就业、结婚、生子的人生历程之时，也在其后的几十年里经历了改制、下岗甚至失业的种种心酸。值得欣慰的是，在我们的国家经历了近 40 年的改革开放之后，在中国的经济发生翻天覆地的变化之时，今天的年轻一代已经获得了比他们的父母多得多的受教育机会，每年上大学的人从 1977 年的27.8 万上升到现在的近 700 万！从这个意义上说，1977 年高等教育的这场变革，为后来越来越多的年轻人接受高等教育并实现社会地位的向上流动赢得了希望。

结　语

　　40 年过去了。当时的 77 级里 30 岁的老大哥们已经步入古稀之年，包括我自己在内的当时 20 岁左右的小弟弟们也开始年逾花甲。感谢我们的时代和历时 40 载的变革，它让中国人从我们这一代开始有了全新的人生和意义非凡的生活。今天，我们称颂 1978 年，不仅在于那一年我们自己的命运有了改变，也在于从那时开始中国社会迈向进步的步伐就再也没有停滞。

那段难忘的知青岁月

赵鼎新

浙江大学人文高等研究院院长

中国在改革开放以来发生的巨大变化有目共睹，并不需要我在此专门论述。本文的目的非常简单，那就是给今天的年轻人讲一些 20 世纪 70 年代我亲身经历的以及发生在我周围的故事，以此来缅怀邓小平，同时让年轻人了解邓小平推动的改革开放在中国现代史上所具有的分水岭意义。

我小学毕业那年正值"文革"开始，此后全国停课闹革命，中学我基本上没有读过。1969 年随着知识青年上山下乡的大潮，我去了银川，并且在银川新城区的一家工厂工作了 8 个年头。1977 年我报考大学，被复旦大学录取后回到上海。

今天的银川整洁、漂亮、宜居，周边地区也比较富饶。但是 20 世纪 70 年代初银川的生活却非常艰苦。有那么几年，银川猪肉凭"猪肉票"供应，每人每月才半斤，食油凭"油票"供应每人每月才 2.5 两。我们厂的食堂只能一个月供应一次肉，其余每天的副食基本上就是水煮出来的蔬菜，而到了冬天就只剩大白菜和土豆了。厂里食堂供肉会安排在午餐。那天的早上不到 10 点车间里就很少有人干活了，人们三三两两都在聊天，谈的都和吃有关。有人说那年他出差在哪儿哪儿一顿饭吃了两斤红烧肉，有人说"大跃进"时代他吃过的"大锅饭"如何丰盛。听得我们年轻人一个个直流口水，觉得自己生错了年代。食堂 12 点开饭，但是 11 点半一过人们就三三两两开始往食堂聚集。食堂的每个窗口都排着长队，饥肠辘辘的我们等着那激动人心的一刻。记得每次拿到那上飘着厚厚一层油水、下沉着肥肥几片猪肉的碗时，我都会狠狠喝上一口。顿时那猪油流向全身，身体无比舒坦。在饥饿的驱使下，各个工厂的工人有的偷"鱼腾精"（一种杀虫剂）倒入湖中毒鱼，有的偷厂里基干民兵的手榴弹到周围湿地里炸鱼，有的则偷基干民兵的枪支去打农民家养的狗。直到一天早上，我们邻厂的工人把一个披着老羊皮大衣在田野蹲坑的老乡当作狗活活一枪打死，出了人命，偷枪打狗的行为才有所收敛。

　　20 世纪 70 年代初银川的政治环境十分恶劣。1970 年银川有三位青年因为组织了一个名叫"共产主义自修大学"的学习小组，并且发表了一些独立的观点而被判处极刑。我们厂组织工人批判刘少奇的《论共产党员的修养》。其间一个青年工人脱口说出："我看这里面不就说了一些大实话吗?"结果这件事被当作了一个政治事件，该青年在厂内受到了批判。好在厂里领导当时并没有兴趣把这件事搞得太大，最后决定不"扭送公安局"，但是仍然给该青年一个"记大过"处分。

我这人心直口快，在那种环境中非常压抑。我爱说梦话，和我同宿舍住有3人，我因此特别担心梦里吐真言，把我白天的思考流露出来，给自己带来麻烦。这种担心随着1973年后我书看得越来越多，思想越来越活跃而与日俱增。因此只要有机会，我就会避免住在宿舍。但是，宿舍在许多时间不得不住，而说梦话也不是随便可以控制的。我同屋每一次跟我说"鼎新你昨天晚上又说梦话了"，我总会赶紧问他我说了什么，并且手心总是捏了一把汗。估计现在的年轻人很难理解我当时的紧张。

为了让年轻人进一步了解改革开放前的社会生活和政治环境，我再讲一个发生在1974年的故事。那年我坐火车从银川到上海去探望外婆。我父母1958年响应国家支援内地的号召从上海去了银川，我的兄妹三人都是由外婆抚养成人，我们与外婆的感情很深。这是我1969年离开上海后第一次回去探亲，心情非常激动。当时火车很慢，从银川到上海在火车上就要花去整整两天多时间，再加上北京换车，一共要三天两夜才能到上海。

火车从银川开出，到了巴彦高勒后上来了八个青年，五男三女。那五个男子个个一脸匪气，有好几个人腰上还别着蒙古刀，为首的脸上有一条很深的刀疤。他们上车后到处挤挤坐下了，有好几个还坐在我的周围。他们那个架势使我有点紧张，但是他们

开口说话后又让我感到十分意外：他们都操着上海口音，是上海
到内蒙古插队的知青。只是除了上海口音外，他们已经完全没有
了当时上海青年的一股文气。

不一会儿乘务员前来查票。我拿出了自己的车票。轮到这几
个人时，为首的那个一声不吭，只拿出腰上的蒙古刀，往桌子上
狠狠一砸。乘务员看了蒙古刀后就像看到车票一样，脸上毫无异
样地走了过去继续查票。这个场景让我吃惊。乘务员走后我斗胆
说了一句："你居然能把这蒙古刀能当作车票用。"他回答则是：
"钱没有，要命有一条。"

因为都是上海人，我们马上聊了起来。我从他们那儿得知他
们与北京知青群殴，以及和当地牧民打架的种种故事。我还了解
到他们的那个连队坐落在一片盐碱地上，春天播种的种子可以装
几个卡车，而秋天的收成却几个人就能背回来。那土地根本就不
能种粮食。国家给他们补助的粮食只够吃半年，半年后他们就得
回上海吃父母的。他们在上海的兄妹对他们先是同情，后是厌
恶，因为他们吃掉了在沪兄妹的各种配额，使得大家都不能吃
饱。我当时问了一句："收成这么低，你们把撒下去的种子吃了
不更好吗？"我得到的回答则是："难道我们不想这么干？但是
播种时是有人真枪实弹看着的。"

这一路的见闻对我个人来说具有一定的转折意义。"文革"
的错误我早有所觉察，然而也不敢细想。路上的经历却让我清醒
地意识到，这种让知识青年变得像土匪、公然拿刀子当车票的年

代肯定是不会持久的。此后我自学更为刻苦，悄悄期待着一个新的时代的到来。但在我银川的朋友面前，我却不敢多说。虽然我看到的都是事实，但是如果有人要整我，说我在传播政治谣言，表达对现实不满。在一个"左"就是"正确"的时代，这是一顶足以获罪的帽子。

说到"对现实不满"这顶帽子的分量，我这儿还有一个小故事。一天我在食堂买了两个窝窝头，咬一口味道十分异样，一看窝窝头里面到处是霉斑。我把其中一个窝窝头递给了食堂炊事员让他换一下。结果他不由分说，抄起他那油腻漆黑的围裙，用手指顶着围裙在那窝窝头里使劲转了几下，顿时把窝窝头擦得油亮，霉斑全无。他把窝窝头还给了我，脸上毫无表情地说："好了。"我当时非常生气，坚决要求他给我换一个不霉的窝窝头。哪知道我们厂的党委书记，一个延安时期参加革命的陕西干部，正好排在我后面。那个炊事员把窝窝头递给了杜书记，说："赵鼎新嫌这窝窝头不好。"我刚想申辩，杜书记沉下脸问道："赵鼎新，你这是对现实不满吗？"我知道这话的分量，顿觉胆战心惊，赶快拿起那个发霉的窝窝头飞似的走掉了。

现在社会上有些人会以为在改革开放前的那个时代人与人之间的关系比较单纯，社会比较公正，干部比较清廉。这些其实都是时过境迁的浪漫想象。那个时代夫妻之间都会相互告密，何来人际关系单纯？那时代干部在钱财方面的贪污的确有限，但他们手中握有的各种特权相对来说要比今天大得多。那个时代没有公开竞争，因此许多机会要靠走后门来获得。比如，自 1972 年起我就想上大学（那时候只有通过推荐上学的工农兵大学生），但却因为没有后门和关系一直得不到推荐。总算熬到了 1975 年，那时我已经在厂里工作了 5 年，并且已经连续两年是车间优秀职工，而我的唯一的竞争对手是一个工作才两年的学徒。似乎我们厂这次上大学的推荐名额非我莫属了。哪知道该学徒工的母亲是银川市轻工业局的局长，她给厂里打一个招呼名额就成了她女儿的了。

由于我的各方面条件都要明显优于该学徒工，厂里还是有些干部觉得我应该得到这个名额。为了让她得到推荐，厂里有个干部在有关会议中突然提出"赵鼎新有海外关系"。该干部说的是我有一个从未谋面的舅公居住在台湾这一事实。因为他只是我的舅公，我的档案中应该没有这项记录，我至今也不知道该干部是从哪儿弄到这一信息的。在那高唱"左"调就等于正确的年代，该干部一句话后谁也不敢再吭声。那位学徒工于是就上了大学，而我的命运则要到 1977 年 8 月邓小平决定恢复高考才得以翻转。

今年是邓小平推动的改革开放政策施行的第 40 个年头。40 年来中国发生了翻天覆地的变化，以至于我说的这些在 70 年代都是很普通的事情对于今天的年轻人来说已经非常陌生，但正因为陌生了才更有必要讲。今天我在为中国的强盛和中国人的普遍富裕感到自豪的同时，一刻也不敢忘记邓小平的功劳。他不但改变了我们那个时代千千万万人的命运，还改变了整个民族的命运。是他打破了"两个凡是"的教条；是他推行了特区建设，并且在 88 岁高龄通过南方讲话把中国改革推向了新的高潮；也正是他提出了中国要警惕"右"，但主要是防止"左"这一对于当代中国政治具有重大指导意义的著名论点。邓小平是 20 世纪中国最伟大的改革家。

激情年代的改革

张 军

复旦大学经济学院院长

今天想跟大家分享一些发生在 20 世纪 70 年代末到 90 年代中的改革故事。那个年代我称之为激情和浪漫的年代。很多重要的改革都是在那个年代发生的。虽然我本人经历了那个年代，但我并没有参与其中太多的关于改革的讨论，尤其是在 20 世纪 80 年代。但是在十年前，为了纪念改革开放 30 周年，我在加拿大过暑假，动笔写了一本书，由此整理了那个年代很多的资料，发现真的很精彩。今天凭借记忆，配以一些珍贵的图片，让我们走进那个激情岁月，看看很多重要的改革是怎么开始的，又是怎么推进的。

我一直说，过去 40 年，最浪漫也最精彩的改革篇章发生在 20 世纪 80 年代。很多经济学家都倾向于把 1993 年看成中国改革开放的分水岭。1993 年 11 月召开了中共十四届三中全会，通过了关于建立社会主义市场经济体制的决定。由于这个决定，1993 以前和 1993 年之后的改革在风格上就有了很大的不同，而且之后的改革加速了。从 1994 年到 20 世纪 90 年代末短短的几年，构建社会主义市场经济体制所需要的主要改革已基本完成。再往后的改革大都是次要的或者技术性的了。

那么，我就从 1994 年说起。

1994 年京伦会议：建立现代公司制度

首先给大家看一个照片，奥利弗·哈特教授。他是 2016 年的诺贝尔经济学奖的得主，美国哈佛大学经济学教授，曾经担任过哈佛大学经济系的系主任。他曾在 1994 年来到中国，参加了一个重要的会议——京伦会议。

当时有很多著名的经济学家出席了 1994 年的京伦会议，奥利弗·哈特是其中的一位，同时也包括芝加哥大学另外两位诺贝尔奖经济学得主。

1994 年 8 月 23—26 日，国家经贸委与吴敬琏教授所领导的"中国经济体制改革的总体设计"课题组和"中国税制体系和公共财政的综合分析与改革设计"课题组，在北京京伦饭店联合召开了"中国经济体制的下一步改革"国际研讨会。有人认为它开创了微观经济学最新发展在中国的传播，并把改革引入微观经济基础深层研究，被称作"京伦会议"。

与奥利弗·哈特一同来到中国参加京伦会议的，还有一位非常著名的教授是青木昌彦教授。

"京伦会议"实际上是在讨论中国的国有企业如何改革的问题，而会议召开时，国有企业正在面临一个巨大的挑战——债务问题。当时国有企业的债务问题是最为困扰国有企业发展的问题。

会议议题主要包括，怎么重组国有企业？如何对国有企业进行债务重组？怎么去改组国有企业？在"京伦会议"上，奥利弗·哈特教授还有青木昌彦教授在这些方面做出了很多有价值的分析和建议。

奥利弗·哈特教授是做企业合约研究的学者，所以他对此有很多的想法，而这些想法实际上影响了中国国有企业改革的思路。后期我们对国有企业进行改组的办法，对国有企业债务的重组的办法，包括设立四大国有资产管理公司以解决国有企业债务问题，都是受到了"京伦会议"所讨论之议题的影响。

青木昌彦教授在京伦会议上提出了一个很重要的概念：内部人控制（Insider Control）[编者注：内部人控制是指现代企业中所有权与经营权（控制权）相分离的前提下形成的，由于所有者与经营者利益不一致导致的经营者控制公司的现象]。这个概念对我们国内的经济学家有比较大的影响。国有企业很容易出现"内部人控制"的现象，换句话说，外部的人没有办法帮他们解决"内部人控制"的问题，所以必须进行国有企业改组。包括当下我们对国有企业改革的许多观念，诸如"建立现代企业制度"和"建立现代的公司治理"等概念，在1994年之前并不存在。直到"京伦会议"之后，对于国有企业改革重组的决定才变成了大家共识的一个变革的思想，而后也多次写进了中央的有关重要文件当中。

"京伦会议"的召开是为了贯彻落实十四届三中全会关于建立社会主义市场经济体制决定的精神，因为在这个决定中，转变国有企业的经营机制和建立跟市场经济相适应的治理方式成为核心问题。

中共十四届三中全会是1993年11月召开的，这是1978年改革之后第一次明确提出"市场经济"这个概念，距离1978年的十一届三中全会已经过去15年。1984年的中共十二届三中全会的决定还只是提到"商品经济"，未能提出"市场经济"。虽然我们说改革开放是从1978年开始的，但实际上1993年的十四届三中全会才第一次提出要建立社会主义市场经济。

对我们过去40年的改革而言，十四届三中全会是个分水岭。因为承认了我们的改革目的是建立社会主义市场经济，所以，改革在此之后便加快了。我大致地回顾了一下，1994年之后的4—5年时间里，我们已经把建立市场经济体制所需要的重要改革基本敲定，比如财政的分税制改革、价格的放开、城镇住房制度的改革、商业银行法的出台，外汇体制和汇率的并轨改革，1995年的国有经济战略性改组和公司治理改革，1997年国有企业的"抓大放小"等等。

过去我们总是说,中国经济的改革是渐进式的、摸着石头过河的、走两步退一步的,但是在 1993 年的十四届三中全会之后,中国经济的改革变成相当激进的改革。

1992 年邓小平南方谈话:中国改革突然加速

在 1993 年的十四届三中全会之前,各方面的改革在思想和理论层面都存在争论和分歧。不仅仅有思想界和知识分子的争论,经济学家的争论,而且党内也有争论和意见分歧。正是这些公开的和不公开的争论产生的制衡力量,使得 80 年代的改革变得相对谨慎和缓慢。

而进入 90 年代,特别是邓小平 1992 年发表南方谈话之后,党内思想与政治环境发生了变化,这些争论和分歧依然还在,但改革已经走在争论之前。这归功于邓小平南方谈话对市场化改革的推动,而且他非常不主张无休止的争论,因为那样会贻误改革的时机。邓小平在 1992 年视察南方时曾经说"不搞争论,是我的发明"。

加州大学圣地亚哥分校的巴里·诺顿教授出版的教科书《中国经济》(The Chinese Economy),也讲述了中国的经济体制改革进程和阶段。他在书中有一个类似的说法,他认为 1993 年和 1994 年之后,中国改革的进程就突然加快了。

这显然是"市场经济"四个字为改革开了方便之门。十四届三中全会能把"建立社会主义市场经济"这几个字写到决定当中，邓小平的南方谈话起到了非常大的推动作用。

邓小平觉得思想要更加解放，改革的步子应该更大。邓小平南方谈话向世界宣告：我们要更加开放，我们的改革不会倒退，我们的改革步子只会更快。

1990 年邓小平上海过年：浦东要后来居上

邓小平从 1988 年到 1992 年连续 5 年来上海过春节。1993 年没有来，但 1994 年又来上海过春节。1994 年之后就没有再公开露面直至 1997 年逝世。

在 1990 年春节期间，邓小平对朱镕基等市领导说，我有个失误，当时办四个特区的时候没有加上上海，上海是我们的王牌。可以看到邓小平对上海和上海人的评价非常高。他认为上海浦东的开发有点晚了，但是他同时又说上海人聪明，肯定可以赶上的。这是在 1990 年 1 月末与朱镕基会面时的谈话，春节后他就回到北京，对中央领导人说，我虽然现在退休了，但是我有件事情要拜托你们，就是上海浦东的开发。

在邓小平的推动下，中央在 1990 年 4 月 10 日立刻召开了会议，通过了关于上海浦东开发的决定。1990 年的 4 月 18 日，当时的总理李鹏来上海宣布浦东的开发。

事实证明了，虽然浦东的开发比四个特区要晚，但是历经 28 年的发展，浦东获得了巨大的发展成就，取得了巨大的成功。

28 年前浦东的 GDP 是 60 亿元，现在 1 万亿元。上海 GDP 有 3
万亿元，浦东占了 1/3。

1991 年，邓小平又到上海来过年。对当时的领导人说："开
发晚了既是一件坏事，也是一件好事。你们可以借鉴广东的经
验。"可见，他始终对浦东非常惦记。

1979 年经济特区的构想：一份考察报告引发的连锁反应

比浦东开发更早的是广东和福建的四个特区。但是，比深圳
特区开发更早的是深圳的蛇口。

1978 年的 4 月，国家外贸部和国家计委派了一个考察团，
到香港和澳门去考察，回来之后考察团撰写了一份报告，报告认
为，我们应该在靠近香港和澳门的两个地方，与港澳对接一下，
尝试做一些出口加工的生意。当时选了两个地方：靠近澳门选了
珠海，靠近香港选了宝安县，也就是现在的深圳。后来这份报告
在十一届三中全会作为一个会议资料，发给了所有参会者。这份
报告非常重要，也正是这个报告引发了蛇口工业区和后来的经济
特区的构想。

读袁庚（编者注：曾任蛇口工业区党委书记）的传记，可以
看到他跌宕起伏的一生。他被康生迫害，坐了牢，但是出来后
通过叶飞的关系在香港的招商局安排了一份工作。几年前袁庚
过世，有人对他的评价是："没有袁庚就没有现在的深圳。"事
实上，袁庚是蛇口工业开发区的倡导者。他当时主张建立蛇口

工业开发区，就是受到这份港澳考察报告的刺激。他当时就提出："为什么不能在蛇口做一个货运码头？"他测算了工业区的成本，他说蛇口的成本和香港的差距非常大，如果有了蛇口工业区，香港的货物就可以放在蛇口的码头，因为蛇口的租金比较低。

在他的积极推动下，广东在临近香港的地方成立了蛇口工业区。蛇口工业区比深圳要早，深圳特区是 1980 年正式成立的，蛇口工业区是在 1979 年成立的。

港澳经济考察报告事实上引发了一系列的事件：袁庚提出建立蛇口工业区，广东省委书记习仲勋和吴南生（编者注：深圳特区第一任市委书记吴南生）向中央提出在汕头建立出口加工区（起初他们的想法是在汕头建立出口加工区。为什么要在汕头呢？他们引经据典说，恩格斯在书里面提过汕头），同一时期福建也提出要建立一个经济特区。

中央经过讨论的结果是，原则上大家都同意要建立特区，关键的问题是特区的面积有多大以及这个地区叫什么。

特区的名字叫什么？一开始说叫出口加工区，有人提反对意见说，"台湾有出口加工区，我们不能有。"最后还是让邓小平来定。邓小平说：可以叫特区，陕甘宁就是特区。

特区的面积有多少？300 多平方公里？广东省的特区办认为这个面积太大了，并且比喻道"全世界的特区加起来都没有300 多平方公里这么大"，有人反对道："这个特区的面积太大了，难道你们还想要一个比陕甘宁特区更大的特区吗?"有的人甚至说:"大得无边。""大得无边"这句话在当时是很严重的。可以看出，有很多人反对建立面积如此之大的特区。最后中央还是在邓小平的意见下，拍板子定下来，同意建特区，就叫经济特区，以及深圳特区面积有 327 平方公里。

1979 年深圳特区还没有成立，但是广东省有一个地方性的特区条例——《广东省经济特区条例》。广东省上报到人大常委会之后，1980 年 8 月 26 日全国人大常委会通过了此条例，这也是中国历史上第一个地方性的法规在全国人大常委会讨论并通过的，这个历史性的条例是针对深圳特区的。所以 8 月 26 日是深圳创立的日子，也是深圳特区创办的日子。

但是深圳从创办之初就一直面临"到底是姓资还是姓社"的争论。

1980 年创办特区，目的是引进外资，那么在当时肯定会引发意识层面的争论，创立特区的做法与马克思主义经典作家，与我们老祖宗的意识形态肯定会发生冲突，于是就不停地争论。

在深圳特区刚刚创办一年的情势下，中央就有些动摇，包括高层都有些动摇，提出要在政策上有一些调整。当时吴南生作为深圳的市委书记，面临巨大压力。1982 年和 1983 年，国内掀起了对深圳的一场大讨论。这个讨论在思想界、在党内都非常激烈。当时很多人都说:"你到深圳去还能看到社会主义的影子吗?"所以此时，就更需要邓小平发挥其不寻常的作用，不然深圳特区就要面临被关掉的风险。

1984 年 1 月，邓小平就去考察了深圳，同时写下了著名的这句话：深圳的发展和经验证明，我们建立经济特区的政策是正确的。

但是在 1985 年 2 月，香港《广角镜》杂志发表青年学者陈文鸿的文章，《深圳的问题在哪里？》。陈文鸿在 1985 年，也就是深圳特区创办五年之后去深圳考察，他发现，其实深圳吸引的外资并不多，吸引的都是内地的资本，内地各个省都在深圳有很多投资。他还测算出深圳的人均购买力比上海、北京高出数倍来加以证明。

因为大家都觉得深圳代表商机，代表机会，投资深圳就可以挣很多钱。而且内地的游客也都到深圳去，去买东西，因为深圳可以买到香港的东西。

陈文鸿在文章中写道：深圳特区没有做到广为宣传的"以工业为主，以外资为主，以出口为主"的发展模式。他指责说，深圳的繁华是"以进口商品和物资赚取国内市场的钱"为依托的。虽然陈文鸿的论证方法受到了很多的质疑，但是与他持相似观点的还不在少数。

他算了一笔简单的账，1985 年深圳的零售总额除以深圳的人口等于深圳人均的购买力。他当时算出来，1984 年深圳人均的购买力是 4000 多元人民币。同时他又算了北京和上海的人均购买力，只有 700 多元人民币，由此他推论深圳的繁荣靠的是内地的购买力。因此他下结论说，深圳并没有达到当时设立特区时所定的目标：想要引进外资。

所以他这篇文章再次引发很多的争论。本来邓小平在1984年，已经写下了这段话说，不要再争论了。但是陈文鸿的文章，再次把深圳推向了风口浪尖，再次质疑深圳特区创立的合法性和必要性。

直到1992年，邓小平到深圳发表南方谈话，我们才看到深圳的确是沿着当年所设想的方向（吸引外资的出口加工区）发展的。20世纪80年代中期看到的，那只是内地的游资在那边晃了一圈，到1992年这种现象已经非常少了。深圳真正成了以出口为导向的出口加工区。

不管怎么说，深圳在四个经济特区中是非常成功的。今天的深圳已经变成所谓"北上广深"四个一线城市之中的一个。现在，深圳的GDP已经超过广州，GDP总额已经超过2.2万亿元。现在，深圳已经变成硬科技的摇篮。大量的创业者都愿意到深圳去创业。

当年逃港事件最严重的时候，谷牧副总理站在宝安县罗湖口岸边，站在从罗湖过关到香港的口岸桥上说："我希望有朝一日，更多的是那边的人到这边来。"今天在罗湖口岸的铁路桥，更多的是香港人从香港到深圳去，当年谷牧副总理所期望的目标已经实现。

30多年的时间，1980年至今，深圳真的发生了巨大的变化。我相信在 20 世纪 90 年代后期，深圳发展的模式已经基本定型。深圳已经成了一个开放的、更加具有市场化特征的经济特区。我相信深圳比内地的很多城市都更加发达，而深圳的经济发展模式也是它如今能够在高科技产业上独领风骚的一个非常重要的原因。

1984 年十二届三中全会：改革重心从农村转向城市

当大家在争论深圳是姓资还是姓社时，1984 年的十二届三中全会召开了，出台了《中共中央关于经济体制改革的决定》。换句话说，当深圳在如火如荼地大搞建设的时候，我们国内绝大部分地区的经济体制还处在计划经济的时代。

1984 年 10 月中共十二届三中全会，通过了《中共中央关于经济体制改革的决定》。大家很奇怪，我们 1978 年不就已经开始改革开放了吗？但实际上，1984 年之前，我们整体的改革都在农村及农业上，只有 1984 年的《决定》出台以后，经济改革的重心才转移到城市。

邓小平对这个决定评价很高，说有了老祖宗没有讲过的话，有新意。那么 1984 年的《决定》到底讲了什么老祖宗没有讲过的话呢？第一次提了"商品经济"，那时根本不敢提社会主义市场经济，在《决定》中，我们确立了改革的目标是建立社会主义商品经济，不是建立社会主义市场经济。

研究马克思主义政治经济学的人，整天都在争论"什么是商品"。商品对应产品。市场经济对应当时的商品经济，而计划经济对应当时的产品经济。商品经济比产品经济近了一步。那么什么是商品呢？就是可以用作交换了。产品是不能交换的，只有能够用作交换的时候才成了商品。所以那个时候把社会主义商品经济写到了十二届三中全会的《决定》当中，在邓小平看来已经是讲了老祖宗没有讲过的话。或许邓小平看到了，这离市场经济已不太遥远。

所以从 1984 年起，中国的改革才真正开始进行，1984 年之前的改革都是自发的，1984 年的《决定》之后，我们才开始有意识地、有组织地推进在城市的改革。

但是出台《决定》的时候，中国的经济出现了比较严重的而且愈演愈烈的通货膨胀。

在计划经济年代，是没有通货膨胀的。因为价格是政府定的。但是在计划经济时代，供不应求会出现什么样的后果？就会出现有需求的人要排队，要等候。但是在 1984 年《决定》出台的时候，实际上价格已经有些局部的松动。政府在包括生产资料、消费品在内的各种物品上的定价已经开始松动。换句话说，市场上已经开始出现一些局部反映供求关系的现象，其结果就是通货膨胀一发不可收拾，而且这个现象断断续续一直持续到 1987 年，1987 年稍微得到了控制，1988 年又反弹。所以我们在出台《决定》的时候，中国的经济已经发生一个很有趣的变化，它已经不是完全的经典的计划经济，它已经开始出现很多市场交换的因素，已经把价格给抬上去了。

20 世纪 80 年代中期有一位东德的经济学家到北京来访问。他听了很多关于中国经济体制改革的介绍之后，表示："我认为中国的改革都是微观的改革，没有宏观的改革。"他暗示，中国在微观改革中没有关注宏观稳定问题。

可以想象，在计划经济时代，需求是严重的短缺，需求是被抑制的，而需求是一个巨大的能量，一旦放任需求，在供给严重不足的情况下，价格会猛然飙升。这解释了为什么当时政府发现没有办法控制通货膨胀，因为彼时的经济政策完全没有宏观调控的概念。

在十二届三中全会提出要推进城市的经济体制改革时，我们已经面临宏观经济不稳定的问题，但是，当时关于改革的决定当中仍然只有微观经济的改革。

整个 80 年代，特别是 1984 年到 1988 年，国务院面临的最为困扰的问题是，如何在宏观经济面临失控，通货膨胀压力居高不下的情况下，继续在城市推进对计划经济的改革。

1985 年巴山轮会议：宏观管理的起点

1985 年 9 月 2—8 日，中外 30 多位经济学家共同乘坐一艘从武汉开往重庆的邮轮"巴山号"，在轮船上召开了"宏观经济管理国际研讨会"，也就是后来所说的"巴山轮会议"。其中中方最年长的经济学家是薛暮桥先生，时年 81 岁。最年轻的参会者是郭树清，29 岁，他那时候还在中国社会科学院读书。

巴山轮会议的重要性体现在，其第一次让我们的改革者和经济学家了解了宏观稳定和宏观需求管理的重要性，也帮助我们更好地理解了配套改革的重要性。

巴山轮会议是由中国经济体制改革研究会、中国社会科学院和世界银行联合举办的，一共讨论了七八个议题，最重要的议题是：在经济体制改革当中，为什么会出现通货膨胀？如何控制通货膨胀？改革需要什么样的条件？宏观经济不平衡会如何影响改革？改革应该以什么样的方式推进？

这个会请来了 1981 年诺贝尔经济学奖获得者詹姆士·托宾（James Tobin），以及匈牙利籍经济学家亚诺什·科尔内（Janos Kornai）。还有来自英国和日本的经济学家。

在会上，詹姆士·托宾解释了为什么在改革的过程中出现通货膨胀，因为中国的工资上涨过快。他指出，因物价上涨率等于名义工资率减去劳动生产率，如果劳动生产率提高了，工资跟着上涨，就不会导致物价上涨。但是如果劳动生产率上涨速度低于名义工资上涨速度，工资虚高，那么就一定会导致物价上涨。

针对当时中国面临的消费基金膨胀和工资上涨的压力，他甚至建议，这个公式（物价上涨率 = 名义工资率 − 劳动生产率）应该写下来，放到每个国有企业经理、国有银行行长的办公室，让他们时刻牢记，名义工资要跟着劳动生产率走。

科尔内曾经历在匈牙利进行的局部的经济改革，这使得他的发言能针对更基本的改革方式问题，也就是计划经济向市场经济过渡的办法会有几种，哪种更可行。他的分析对中国经济学家影响很大。他的《短缺经济学》一书更是使他在中国名声大噪。

1984 年"莫干山会议"：价格双轨过渡？

通货膨胀现象的产生促成了 1985 年的巴山轮会议。但是，物价上涨既是价格改革的产物，也反过来影响价格改革的进程。在改革初期，价格改革应该如何推进？如何能把价格改革对社会方方面面的利益的影响降到最低限度？这是 1984 年中央决定把改革重点从农村转移到城市之后面临的一个最基本的改革问题。

但实际上，就在中共十二届三中全会作出关于经济体制改革的决定前两个月，也就是 1984 年的 9 月，在浙江莫干山召开了一个青年经济学者的会议，史称"莫干山会议"，其全称为"中青年经济科学工作者学术研讨会"。会议面向全国征文，收到 1300 份投稿，选择其中的 120 篇，分成七个组，挑灯夜战，连夜讨论如何从计划经济过渡到市场经济的改革方案。据说讨论和争论最为激烈的是价格组。随着时间推移，莫干山会议也因为对价格改革的争论而名扬四海。

会议不仅吸引了全国的年轻经济学者踊跃参加，当时的浙江省领导人也与会致辞。来自北京的中央领导人张劲夫特地赶到杭州，听取了莫干山会议的总结汇报，而向张劲夫作汇报的人就是华生。

结果在 20 多年之后，在华生和当时也参加了"莫干山会议"的张维迎之间发生了一场著名的争论，一场关于发明权的争论，也就是莫干山会议上关于双轨制价格的改革方案到底是谁提出来的争论。

张维迎当时是西北大学的一个研究生。张维迎说，这是他第一次坐飞机，从西安到杭州。这个会真的是让很多人有了第一次。

这是一场争论得不可开交的激辩。因为那时我正在撰写一本关于改革开放的书，其中要写到"价格双轨制改革"，所以双方都来找我向我提供资料。我记得一天夜里我已经睡下了，张维迎从香港给我打电话，他当时好像在香港中文大学访问。他说："因为你写这个书，所以我要把当年很多原始的材料复印好寄过来。"写这段历史让我很为难，因为我并没有参加这个会，我只能看很多人的回忆。当时在价格组参与讨论的人很多，其中有些人后来都写了回忆文章，也有的参与华生与张维迎之间的争论。

从我掌握的资料来看，价格双轨制改革的这个思想曾经出现在张维迎在西北大学读书时的文章里，但不是在莫干山会议上提出来的。根据很多人提供的资料显示，在莫干山会议上，张维迎是主张"放开价格"的，也就是属于"放派"，另外一派人，叫"调派"，主张"调整价格，逐步到位"，而不是"放开价格，一次性到位"。华生好像是一个综合派，也就是"调放结合"，这也是基于讨论而形成的价格报告中明确建议的一个方案，我猜测，华生向张劲夫汇报的时候，可能就是按照双轨制的思路来汇报的。

虽然双轨制成为后来莫干山会议就价格改革所形成的思路，但"双轨制"这个词并不是某个人拍脑袋发明的。在更早的时间，1982年和1983年，一些重要的生产资料，如煤炭，已经出现价格双轨的现象，否则当时中国的经济就不会有通货膨胀。换句话说，"莫干山会议"之前，"价格双轨"这一现象已经存在了。

不过，价格双轨现象确实引起了经济学家的注意，并有不少经济学家认为价格双轨制也许是一个可行的改革思路。毕竟价格一次放开的风险太大，慢慢调整计划价格，同时在计划外更多允许超额的产量按供求关系定价，逐步走向市场价格，听起来也是有道理的。

可是，在过渡期内价格双轨制毕竟意味着"计划内的价格"和"计划外的价格"并存。大家可以想象，按照这样的双轨制方式改革，必然出现串轨现象。因为市场价格高，计划价格低，一定会有人想办法把计划配额往市场转移，出现所谓串轨的行为。

1985年，中国经济就出现了一个现象，叫做"官倒"，也就是官员倒卖计划的配额。假如你有关系，就去中央的部委批个条子，可以到某个钢厂按照计划价格获得一百吨的钢材，随后，你凭这个条子以低价买入一批钢材，再到市场上按照高于计划的市场价格转手卖掉，中间就牟取了巨大利益。换句话说，凭借关系和条子可以给你带来巨额的收入。一时间官倒成为我们面临的腐败现象，蔓延很快。

1986 年：改革方案的较量

作为从计划价格向市场价格的一种过渡方式，在很多人讨论价格双轨制的优越性的时候，以吴敬琏等为代表的经济学家却反对价格双轨制的思想。他们反对通过双轨的办法向市场价格靠拢。他们主张"一揽子改革"。他们认为，经济体制改革中很多因素都是有关联的，你不能只做一部分市场化，如果只做一部分市场的话，肯定会带来市场混乱。当时国务院成立了一个经济改革设计办公室，整体改革派的这几位经济学家就在这个办公室。

他们认为双轨制的这个办法不仅引发通货膨胀，而且引发腐败，引发官倒和寻租。吴敬琏教授以及他的研究小组当时就给中央写了很多报告，给价格双轨制定了"八宗罪"。

"整体改革派"在报告里主张应该推动"一揽子改革"。1986年他们提交过一份关于整体改革的报告到中央，而后国务院也开了会，中央也通过了。遗憾的是，两个月以后，"一揽子改革"方案被搁置，所以吴老（吴敬琏）对这件事情耿耿于怀。吴老在他的教科书《当代中国经济改革教程》中，也提到这件事情。本来国务院拟通过这个方案进行改革了，但是为什么后来又反悔放弃？我想，当时在通货膨胀已经很严重的宏观经济背景下，"一揽子改革"的方案过于冒险。国务院决定暂缓这个改革方案，转而决定启动关于企业所有制的改革。

1984年至1987年之间，面对严峻的通货膨胀，决策者不敢冒险，最后决定把改革的重心转移到企业改革上，对国有企业进行承包制和股份制改革。

国有企业所有制改革显然是"一揽子改革"方案搁置之后的直接结果，随后争论就转向了企业改革。当时有一位经济学家一直呼吁企业改革。他有句名言："中国经济改革如果失败，一定是因为价格改革；如果成功，一定是因为企业改革。"这个人就是北京大学的厉以宁教授。所以厉以宁也有个绰号叫做"厉股份"。因为厉以宁主张国有企业进行所有制改革，施行股份制。

当时中央在决策上面放弃了以吴敬琏为代表的关于经济体制"整体改革"的方案，并转向了企业改革，无形当中支持了厉以宁国有企业股份制改革的方案。我当时在中国学术信息网上看到介绍吴老的文字中有一句话，说他向政府提了很多方案，事后都证明是正确的，但是往往没有得到中央的采纳。我想那些没有被采纳的方案中，最重要的就是关于"整体改革论"以及后来的"价格闯关"的方案。

吴老和厉老同年同月生，又是同一个中学读书。但从 80 年代后期相当长的时间里两位没有面对面。一直到 2008 年，北京大学纪念中国经济改革开放 30 年的时候，他们一同受邀参加了纪念活动，终于同台出席，面对面。厉以宁和吴敬琏是对推动中国经济改革作出重要贡献的两个代表性经济学家。

在 20 世纪改革的年代，经济学家们以各种各样的方式参与到了改革的过程当中，每个人事后都可以说，"这里面有我的贡献"，"这里面有我的建议"。在今天，这种现象已经几乎不可能了。那个年代真是浪漫的。

1978 年 12 月小岗村的"包产到户"：自下而上的农业变革

提到农业改革，就要提到安徽凤阳的小岗村，就要提到全国人大常委会原委员长万里。

万里主政安徽时，安徽的小岗村发生了一件历史性的事情，18 位农民自发地进行了"包产到户"的秘密行动，并立下了一张著名的契约。这是 1978 年的冬天。

1978 年 11 月，小岗村的这 18 位村民秘密地在严家讨论要"包产到户"，把土地分到每个家庭。做这件事情风险很大，万一被泄密是要面临杀头之祸的，所以他们就按了手印，并承诺如果出现意外，义务抚养其子女至 18 岁。这是一件十分悲壮的事情。

据说，在安徽主政的万里，对这件事情是知情的，而且万里秘密地派人到小岗村去了解情况。因为小岗村这 18 位农民在干了一年之后，他们隔壁的村子就发现这个村子意外丰收了，于是就发现他们偷偷地把土地分到了家，所以就有人向上打了小报告。我们可以合理地推测，万里当时是知道这件事情的。但是，万里很聪明地打了个电话给邓小平问怎么办。据说，邓小平回复得很简单，只做不说。

万里认为小岗村自发做的事情是正确的道路，所以他写报告给中央，得到了邓小平的支持。紧接着，他又写报告给国家农委和农业部，建议全面实行"家庭联产责任承包制"，但是农业部很保守。1980年万里到中央去工作，并担任副总理，分管农业。到中央工作一年后，从1981年开始，他提出对农业部进行全面整顿，消除阻力。

在中央的讨论中，万里提倡推动"包产到户"到全国。但是阻力特别大，中央决策层也出现了很大的意见分歧，最后作出的决定是妥协式的，分地区地搞家庭联产承包责任制，发达地区不要搞，只有特别穷的地方才去搞包产到户，而且介于两者之间的也要看情况，所以我们可以认为当时是"有条件地"推行家庭联产承包。但是万里还是觉得农民很希望把田分到家。

历经艰难，还是形成了1982年年初的中共中央一号文件（直到现在，这一传统还在延续，每年中共中央出台的一号文件一定是关于农业的），同意全国范围内逐步推进家庭联产承包责任制的实行。

1982年，人民公社的实体依然存在。一年后，1983年，人民公社完成了实质性的解体，乡镇政府建立。换句话说，1983年人民公社全面地被乡镇政府替代掉了，实际上这件事情直到1984年的年底才全部完成。所以1982年开始推行家庭联产承包的时候，人民公社还在。但是如果没有万里等锐意改革的领导人的推动，这件事情估计还会拖很久。

1978年的不同寻常：改革元年

因为今年是改革开放40周年，所以我们必须多讲讲1978年到底发生了什么事情。1978年11月，安徽小岗村自发地出现了"包产到户"的行动；1978年4月，国家计委和外贸部派出香港澳门考察团，最后引发了蛇口工业区的建立，建立对接香港澳门的码头，后来进一步引发了四个经济特区的建立。更加值得一提的是，1978年是一个出国年，那一年中央13位副国级以上的领导人，20次出国考察。

邓小平在1978年去了哪里呢？首先，邓小平10月去了日本。他参观了松下电器，日本人用微波炉加工食物，他看了之后觉得非常奇怪。可以说，1978年出国考察的时候，他受了非常多的刺激。他还乘坐了新干线，并说了一句意味深长的话：这个速度对我们正合适。

紧接着他去了新加坡，会见了新加坡总统李光耀。在新加坡，他感受最深的是新加坡利用外资，这也是后来他在建立深圳特区、引进外资这件事情上十分坚持的原因。建立深圳特区的方案中，一直强调要利用华侨引进投资。邓小平为什么支持这样的方案？是因为他在新加坡看到了成功的经验和惊人的经济成果。他认为，中国一定要开放，一定要利用外资。

同时，国务院副总理谷牧带团到西德去考察，回来之后写了十分详尽的报告。这些事情都发生在 1978 年 11 月以前。当邓小平从新加坡回国不久之后，就开了一个长达 36 天的中央工作会议。算是为了年底召开十一届三中全会做准备了。

十一届三中全会是 1978 年 12 月 18—22 日在北京京西宾馆召开的，而在此之前中央在邓小平的建议下开了一个 36 天的中央工作会议。在这 36 天的会议上，出国的领导人将从国外带回来的很多新思想、新想法，与全党的同志分享，更重要的是讨论了要不要放弃阶级斗争，要不要把党的工作重心转移到经济建设上来。从某种意义上说，这个 36 天的中央工作会议才是中国改革开放真正的起点。

中央工作会议取得了重大的成果，那就是邓小平在这个会上所作的闭幕辞"解放思想，实事求是，团结一致向前看"。如果我们通读全文，就会发现这个演讲非常重要。也正是在这个闭幕辞中，邓小平有了第一要务是发展经济而不是阶级斗争的重要思想。而十一届三中全会的主题其实就是学习邓小平的这个闭幕辞。

党的思想路线上有了这个历史性的转变，把经济建设放到最优先的位置，彻底告别了"文化大革命"，这才有了 20 世纪 80

年代充满浪漫色彩的、充满理性与激情的改革的岁月。

　　（以上内容选摘自张军教授 2018 年 4 月 19 日在复旦大学星空讲坛题为"激情岁月——你所不知道的经济改革"演讲。文章由华东理工大学国际社工学院研究助理吴怡烨整理。）

一家子教我的"改革"

刘守英

中国人民大学经济学院教授

一

在 1981 年进大学之前，我绝不知道有"改革"这个词，压根儿也不会有靠"改革"来改变自己和一家人命运的意识。

1976 年 9 月的那个特殊日子，我带着弟弟在离家 20 多里远的河埂捕鱼，突然听到大队广播站播放一段带着哭泣的声音：伟大领袖毛主席逝世！听到这一噩耗，当时只有 12 岁的我心猛地下沉，完全没了捕鱼的心情，收拾好渔具，含着泪水，步履沉重地回到了家里，一种天要塌下来的感觉。接下来的一些天，我是在小队长家门槛上度过的，那时全队就他家有广播，我便每天晚饭后七点坐在他家门口听中央新闻广播。

毛主席逝世时，我们家的贫穷是实实在在的，两间四面漏风的瓦房，家里的家当比如今西北、西南很多贫困地区的极贫户还要破落，父母加上早早上工的姐姐三个整劳力所挣取的工分还换不来一家五口人的温饱，我和弟弟有时还得挖野菜掺着大米煮了充饥，父亲抽的几分钱一包的"大红花"也是靠我们弟兄拾破烂换来的，春节时一些必备的年货主要靠隔壁队家境稍好些的舅舅送。尽管那么穷，我们也从没有怪过谁，队里也没有人想过像安徽小岗村那18个农民一样按了手印，以"改革"的方式求生。

20世纪80年代的那场改革在我们村并没有"改天换地"。说实话，我对头两年发生的事情印象并不深，能回忆起来的片段也很难与后来那种波澜壮阔的描述画等号。可以肯定的是，我们队里的"改革"最初是按上面的要求进行的，生产队将原来集体一起干的活儿分成一段段，农民按农活分成一个个作业队承包。

有意思的是，政策一开闸，老乡们就开始选择适宜自己的方式，后续发生的变化只能说形势比人强。不到一年时间，上面定的小段包工方式先是被小组包产所取代，小组承包才一年，就被包产到户取代。在作业队和小组责任制时，村里出现了一些有意思的现象，诸如，原来生产队里的干部开始不那么"厉害"了，一些偷奸耍滑的人在分组时没有人要了。

我们家的人因为在集体化时期属于那种老实不惜力的，且各有一门农活手艺，大家都抢着要。我们队的包产到户我没有赶上，我是上大学后第一年寒假回家时得知的。记得回家当天，父亲就欣喜万分地告诉我，家里分到几块地了！他那种兴奋劲我就见过两次，一次是我拿到复旦大学的录取通知书，一次是这次从集体分包到土地。父亲还没等我安顿好，就带着我去看分到的地，一边看一边"表扬"自己的地种得如何如何好！包产到户第一年收成就上来了，家里一间屋子堆满了谷子，养的十几只鸡给父亲换烟酒也已绰绰有余，养的两头猪已卖了一头换了些钱给我这个名牌大学生回来过年接风。晚上全队的乡亲们纷纷送来鸡蛋（这是我们那一带的习俗，哪家有喜事或客人来，其他家就会送鸡蛋），那几天来我们家的人络绎不绝，每个乡亲的脸上就写着一个词：喜悦！记得他们给我说得最多的就是，自己家的地种得如何好，队里原来那几个"头头"的地种得如何不如他们……

自打研究中国农村始，家乡就成了我观察农民和评判农村政策的最靠得住的窗口。尤其是我到了国务院农研中心和国务院发展中心工作以后，在老乡们心目中，我就是"上面制定政策的人"！从他们对待我的态度，我基本能断出政策好坏，这种信任是在其他哪怕跑了几十年的村子都不可能建立的。政策是否对头，我从一进村口就能感受得到。政策对胃口，他们会很远就以真诚的笑容迎过来，还端着鸡蛋来看你；政策出偏差，他们就离你远远的，当然没有人给送鸡蛋了。

我记得包产到户以后的头几年回家，老百姓还劲头不减，使满马力向前奔，他们每晚到了深夜都不愿离开，和我讨论除了种地还能干点啥。但是，从20世纪80年代中后期开始，我发现他们当初那种充满希望的笑脸很少能见到了,他们晚上过来聊天时常带着叹息。尤其是那一阶段连续几年的卖粮难,打白条,拉到粮站的稻谷被验水分过高后又不得不拉回来晒,排队一排就是几天几夜不挪窝,化肥、农药价格翻番上涨,就不见粮价升,老百姓开始发牢骚。在我印象中,老百姓有不满情绪是这一段开始的。

到了 20 世纪 90 年代前后,老百姓种地负担沉重,一亩地收成就是四百多元,但各种提留摊派加起来居然高达五百多元,有些农民甚至靠贷款完成上交,这一时期农村的干群矛盾激化。我至今仍刻骨铭心的是,这一段时期我回家时,农民的脸色变得既难看又无望,当我进到村里时,原来远远就迎过来的老乡,现在看见我时扭头就进到自己的屋子,当然也没有人来家里送鸡蛋和聊天了。晚上舅舅来坐,我问老家发生了什么情况,舅舅带着很大的情绪质问:你还好意思问,你们搞的是啥政策!那么重的负担,我们农民怎么活!

记得当时村里为了催款,每年都会把每个没有交完款的人的名字在村广播上念。我包产到户时也分过地,后来才调出去,头几年的合同款也没有交齐。由于我当时已是村里的"大人物",他们不好意思念我的名字,就每年春节期间念我弟弟的名字。这一时期,我亲眼目睹了老百姓对农业这个世世代代的营生心生反感,一些年轻人开始离土出村谋生活,农民的城市化有很大的因素是因为负担过重跑出去的!

从我们村的情况来看,真正称得上改革的,包产到户算一件，它确实带来农民前所未有的解放，让他们充满了希望。但是，这种感觉没过几年在农民身上就开始减退，尤其是在粮食任务的重压下，农民再度陷入迷惘和无助。

从那时开始，一部分农民开始出村谋生，出不去的农民留在土地上挣扎，乡村不再是希望的田野，农民不再相信在农业上能寻到出路，尽管后来陆续取消粮食统购订购，再后来取消沿袭了两千年的皇粮国税，但村里乡亲脸上从此没有再现 20 世纪 80 年代那样的灿烂。近几年我也偶尔回到家乡，但是，村里乡亲和我过去的那种亲近感有所降低。有时调研顺道回家乡，村里看着我长大的乡亲已经老得无望和没有尊严，他们那驼着的背和苍老的脸证明着一辈子的辛劳而无所获，老花的眼已看不出我是谁，他们只能从我大声喊他们的称呼时才能辨识，村里的年轻人除了几位出不去的绝大多数在外打工，村里的小孩都到了镇上和县城读书，整个村庄处于无生气的平静之中。

二

我们家与村庄的疏离是从父亲去世开始的。1988 年我在复旦大学完成七年的学业后，进到原国务院农村发展研究中心发展所工作。我们所当时租了六里桥北里北空干休所一栋楼，楼上三层用于办公，我们这些新来的年轻人在地下室给了一间临时的房子。在那个激情燃烧的改革年代，那栋简陋的筒子楼里散发出一种改造世界和播撒火种的气息。所里的氛围和每个人的心气每每提起来就会激动一阵子，也是激励我至今的一种"气"。

　　进到所里一年时间，家里传来不好的消息，父亲得了脑血栓。我放下手头的研究，径直回到家乡，直奔乡医院。父亲一见到我，已经半瘫的他居然神奇地坐了起来，充满希冀地望着我。我安慰他不要担心，一定会尽全力治好他，接着和医院医生商量好诊断方案。幸运的是，治疗非常顺利，半个月时间，父亲就治愈出院了。我们全家都非常高兴，我离开他时也安慰他，很快接他到北京住，不要再这么起早贪黑、脸朝黄土背朝天地拼命了，尽管我们都知道当时的条件不可能实现这一愿望。

　　我回到北京不久，父亲又开始下地，还是一如从前地玩命干活。第一次治愈后不到半年时间，他就在一人拉板车去镇上卖粮途中，因爬坡时使不上力，连人带车往下退时被重重的一车谷子压倒，患了第二次脑血栓。在当时乡村的医疗条件下，第二次脑血栓后治愈率是很低的，父亲居然靠着顽强的生命力又活了过来，但手和身体已吃不上劲，他倔强、不服输的性格难以接受这一不能干活的现实，不久离开了我们。父亲是累死的，一辈子一天也没歇息过，由于条件所限，他没有进过城，更无从谈享过什么清福。我回家体面地送走了劳累一辈子的父亲，带着母亲和妹妹到了北京，开启了农村一家子在北京的闯荡与谋生。

　　自母亲和妹妹到北京后，我们家就开始学习在商品经济的汪洋大海里游泳。家里一下子增加了两口人，我们当时的工资是支撑不住的，日常生活开支和住都成了问题。我们那间地下室十几平方米的小房间一下住了四个人，中间只好用一块布帘隔开。人是暂时安顿下来了，工作呢？对我这样一个在北京工作不到一年的学生兵来讲，尽管单位牌上有"国务院"三个大字，但找工作时还真派不上用处。

一天，我带母亲到六里桥附近的菜场买菜，途经一个长途汽车站，看到那么多人在那里进进出出，母亲大脑里的"商业潜能"（母亲在乡下倒腾小买卖是方圆几公里出了名的）一下被激发出来！我现在还记得母亲当时的激动，大声对我说：明天开始到长途车站卖茶叶蛋和凉白开！我的天！我现在都难以想明白，一个连路都摸不清、一句普通话都不会的乡下老太太哪来那么大胆量！她说干就干，第二天就要我去商场给她买好鸡蛋、水壶、茶叶等等，早起煮好茶叶蛋，她和妹妹一人背着一筐茶叶蛋、一人背着烧好的开水开始了在六里桥车站卖茶叶蛋和茶水的生计。一开张生意还不错，好的时候一天能卖出一百多只茶叶蛋和几百杯茶水。一家人的吃饭问题基本不愁了。

"生意"刚刚红火起来，我又遭遇到工作单位变故，我们所在 20 世纪 90 年代初被并到国务院发展研究中心，组建农村经济研究部，我们只好离开这个神奇的地方。新单位给我提供了坐落于菜市口附近一个大杂院里的一间 18 平方米的周转房。安顿下来后，我们急需找"生活"。先是买了一辆三轮车到大钟寺批发市场进菜串胡同卖。不久，一次去白沟调查，我发现这里的小商品比北京便宜很多，我们就一周去一趟白沟进货，到菜市口和虎坊桥的市场门口卖各种小商品。

成为市场中人并不那么容易，你必须手快、眼快、脑子不糊涂。比如，我们第一次到大钟寺市场进货，一眨眼功夫就被其他商贩把车上的东西顺走了；更重要的是要对消费者需求敏锐，我们那时变着花样卖东西，卖过袜子、鞋垫、彩带、各种塑料玩具……还要和城管捉迷藏，有时城管来抄，你不仅要眼尖，还要腿快，心理素质还要好。经过菜市口近两年的市场游击生活，一家人练就了较好的市场嗅觉和与消费者打交道的本事。

三

1992 年邓小平南方谈话的疾风也吹进了我们家，不过我们卷入这场史诗般的"社会主义市场经济"浪潮是"毫无计划"的，完全是一种掉进汪洋大海里的求生与谋生。印象深刻的是，我们那时上班时，除了少数几个当头头的，其他人并没有太多事可干，几个人一间办公室，纷纷抢着一部电话，询问钢材、彩电、汽车价格之类，当然大多数人就是瞎忙乎，真正捣鼓成的很少。一次回家乡，县发改委主任介绍一个人打算到北京合伙开旅馆，我回北京后就兴致勃勃地帮人家联系了当时的海军招待所，我作为中间人帮助双方成交后，由我们家里人负责经营。我当时想以此正好可以解决一家人在北京的落脚，于是没有退路地卷入进去，在老家镇上工作的弟弟和弟媳将铁饭碗辞掉，带着姐姐一家进京开旅馆。

没想到的是，一个月不到，这位答应一起合作的"资方"就带着全套人马进京接管，我们一家人一下没了着落，这对我和我们一家来讲简直是五雷轰顶！能怪谁呢？你没有本钱，还想当老板！我们只好忍气吞声地撤出，不过这件事对我们一家的警训是难以用语言表达的。全家人先是撤到菜市口那间单位给的周转房里安顿，最高时里面住过十多人。

不过，这一年也有好消息，我所在的单位给我在安外小关分了一套 56 平方米的两居室房子，最起码让我的小家先安顿了下来。接着我们全家以小关为轴心开始了在北京的闯荡江湖。我弟弟一家和我姐姐一家分别在当时的熊猫环岛附近租下一间每月 100 元左右的房子住下。姐夫卖菜，姐姐在安贞附近的公园口卖冰棍，维持他们一家及两个儿子在北京读书的开支。弟弟一边在安贞一座桥上卖书，一边准备一所大学的硕考，期待以此改变命运。我手头承担一项农村土地课题国际合作研究，忙于 8 个县的调查和数据分析，其间还于 1993 年出国到威斯康星大学访问半年。

等我在那里忙完后来发表在 World Development、The China Journal 的论文，意气风发地回到北京时，被家里每况愈下的境况击溃了心理防线，我弟弟一家已经搬到外经贸大学附近一间临时房屋，周围倒满了住户倾倒的垃圾！当时横下一条心：必须改变这种境况！于是，我们将手头仅有的积蓄拿出来注册了一家信息公司。做什么呢？我弟弟在一家公司帮助做过信息服务，那就从这个开始。我很快联系上经济参考报、光明日报、中国广播电视报等媒体，在这些媒体的版面上做信息广告，同时利用我们的英语语言优势承接一些翻译业务。这两年，一家人经历了市场经济洗礼，是任何一本教科书都无法学来的，那种几乎摧毁人的自尊心的经历让你既体验到人世的残酷，又让你感受到绝处逢生的无量极限。

改变一家人命运的是进入"二渠道"出版。我们进到这个行业纯属偶然，而且根本不知道这个行业的道道。我们当时选择进这一行当还是有些底气的，主要的本钱是我们会外语，我弟弟是英语师范学院毕业，出来之前就是一个不错的英语教师。我们和一些朋友了解了干这一行的人的状况，其中很大一部分先是卖报纸、杂志起家，积累一些本钱后就买个杂志或报纸刊号自剪、自编、自卖，后来有一些在大学的人进来编"工具书"以高定价、低折扣行销，再后来是一些开书店的人直接做出版，稿源有的是市场上购买，有的是利用台湾那边的信息编辑出版。后面一类基本是台湾的一些翻译书，文字表达上台味较重，我们抓住读者对这类书的需求，决定找到好的外文书直接翻译出版。

记得我们兄弟俩那些年有时间就泡在北京图书馆，说实话我搞学术还真没有这么利用过，然后就是跑书摊、逛书城，甚至到国外访问时有空就跑遍他们的书店、出版社、图书馆、旧书店，寻找一切可能的出版源。我们在这一行里出版过许多现象级的作品，表面上是我们有外语这种语言上的比较优势，更本质上是它成为一种打开眼界的工具，提高你的真假甄别力和决策时的理性程度。

2

宏　论

改革下一程的三大重点任务 / 063

"静悄悄"但"革命性"的社会变迁 / 070

中国拥抱全球化的40年 / 078

改革下一程的
三大重点任务

田国强

上海财经大学经济学院院长

改革开放迎来 40 周年，这一战略决策让中国走上了一条经济市场化和对外开放兼容的强国富民之路，打开了中国近代以来最辉煌的历史篇章，尽管在这过程中存在着这样或那样的问题，但取得了前所未有的巨大成就。中共十九大报告提出必须坚持和完善中国特色社会主义制度，不断推进国家治理体系和治理能力现代化，坚决破除一切不合时宜的思想观念和体制机制弊端，突破利益固化的藩篱，吸收人类文明有益成果，构建系统完备、科学规范、运行有效的制度体系。这些都需要全面深化改革的推进和落地。

全面深化改革面临的社会主要矛盾转化

改革，必须坚持问题导向，解决现实矛盾。之所以需要全面深化改革，正如十九大报告所指出的那样，新时代中国社会的主要矛盾已经转化为人民日益增长的美好生活需要和不平衡不充分的发展之间的矛盾，现实中诸多表象问题都与这个矛盾息息相关。具体而言，中国不平衡不充分发展体现在经济、社会和政府三个层面。

第一，经济层面的不平衡不充分其表现是发展质量较低，且可持续性不强，导致近些年来经济增速持续下滑。自2011年来中国经济增长已由此前30多年来近10%的平均增长速度，一路下滑，破10、破9、破8、破7，平均下滑了3个百分点以上，降至2016年的6.7%。面对这一轮全球金融危机，各国经济都受到整体外部经济环境的影响，经历了减速过程，但许多国家早已进入回升或波动上升平衡增长轨道。中国经济潜在增长率并未大幅下滑，导致实际增长率落差的是要素边际收益递减，政府主导动力不足，国有企业产能过剩、民营经济增长乏力。

第二，社会层面的不平衡不充分其表现是民生资源分配不均衡、社会失衡失序。地方政府更多还是关注经济发展，在公共服务方面做得不够。在一些市场可以发挥作用的地方出现越位和错位现象，在市场不能发挥作用或容易失灵的地方出现缺位现象，导致了生、老、病、居、教等方面的后顾之忧问题。由于大政府、小市场、弱社会的格局，使得公权力介入社会治理过多，造成社会公平正义不足，贫富差距较大，社会规范扭曲，社会文明、社会治理有滑坡的迹象。

第三，政府层面的不平衡不充分表现为存在越位缺位现象。越位的过度干预导致市场人为失灵，而在市场自然失灵应该发挥作用的地方和政府执行力方面缺位有关。政府的各种程序审批、项目审批、准入壁垒依然众多，维护和服务性的有能、有为、有效、有爱的有限政府的目标还远没达到。政府部门（无论是否该管的）办事效率的高低，成为影响发展包括经济发展的重要因素。一旦影响了政府官员的办事积极性，增长动力就会衰减，从而一步地加剧了实体经济的困境。

下一步全面深化改革的三大重点任务

基于以上认知，新时代全面深化改革的关键任务是提供制度基础的综合性改革。具体而言，深层次制度改革有三大重点目标任务：一是形成具有包容性的现代化经济体系；二是提升国家依法治国能力和政府执行力；三是建立良好的社会规范和秩序及和谐有效的社会治理体系。

包容性经济制度是经济长期增长的必要条件，任何一个国家如果不实施包容性的市场机制，在经济发展方面如果是汲取性的，肯定不行，不具有可持续性。中国历史上的文景之治、开元盛世、贞观之治、康乾盛世等时期的轻徭薄赋政策，都是施行了比较包容性的经济方面的国策，促进了经济增长。但是，封建王朝绝对不是民主的，也不是法治的，他们靠的是政府的权威性和执行能力。当今世界，无论是美国的资本主义制度还是中国的社会主义制度，尽管政治制度不同，但有一点却是相同的，那就是这两个国家都有很强的执行力，再加上比较包容的经济制度。也就是政治和经济方面的刚柔相济，所以都成为世界上经济政治方面数一数二的大国。

从国家治理的角度看，只关注经济和政治、市场和政府，还远远不够，还要考虑社会的维度。也就是，今后一个时期，中国要建立让市场在资源配置中发挥决定作用的现代经济体系，推进中国经济从要素驱动向效率驱动、创新驱动的转变，推动质量变革、效率变革、动力变革，提高全要素生产率，同时政府要有执行力，需要以改革、发展、稳定、创新和治理五位一体的综合改革方式进行治理，建立有能、有为、有效、有爱的有限政府和实现国家治理现代化。有能主要是讲政府执行力的问题，有为就是政府在应该作为的地方不缺位，有效是政府行政的效能和效率的问题，这三个主要是处理好政府与市场的关系问题，以促进有效市场形成为导向，有爱则是讲处理好政府与社会的关系问题。

至于有限政府，就是凡现有市场能做好的，让市场去做，市场不能做好的，政府才需要去发挥作用。这样，它的治理边界一定是有限的，应基本限定在维护和服务上。当然，发展阶段不同，其维护和服务的内容会有很大不同。特别对转型经济体，还不是一个有效市场。一方面是标准经济学教科书中所界定的市场本身的失灵，而政府又没有去补位，另一方面是由于政府的越位、错位所造成的人为市场失灵，而政府又没有从中抽身。两方面原因的任何一个发生，都造成无法形成有效市场。这时，政府就比"守夜人"政府要发挥更大、更好、更有执行力的作用，比如政府启动和主导改革，建立和完善有利于经济发展、创业创新的现代市场制度，提供提升市场功能的产业政策（功能性或软性产业政策）以及提供对新兴和基础行业等政策（包括适度选择性的硬性产业政策）方面的支持，等等。

从经济、社会、政府切入推动平衡充分发展

十九大报告强调的是根本性改革、制度建设，新发展理念和思想，产权制度改革，要素市场流动，更加强调的是真正让市场在资源配置中起决定性作用，更好发挥政府作用，构建市场机制有效、微观主体有活力、宏观调控有度的经济体制。这些都需要制度变革，从而首先需要以市场化、法治化的结构性改革来同步解决做什么、谁去做、怎么做的问题，坚定不移地继续推行松绑放权和市场化制度性和有限政府职能的改革才是关键。同时，改革还需要社会自治理的加强。深化改革必须是综合性的、全面性的，因此需从经济、社会和政府三方面综合治理。

第一，提升经济包容性是中国经济发展驱动转型的需要。要素驱动已经无法支撑中国经济的可持续发展，效率驱动在很

大程度上已经成型，但创新驱动还做得远远不够。创新主要靠谁？靠民营企业，靠企业家精神。中国"新四大发明"中，除了高铁之外，支付宝、共享单车和网购都是民营企业的创新成果。

第二，增强社会治理是中国社会和谐有效治理的需要。在社会治理方面，中国要朝着法治化、智能化、精细化的方向走。所谓法治化，就是要着力构建法治社会，善于运用法治思维和方式来解决城市社会治理顽疾；智能化，就是要着力推进智能社会建设，善于运用大数据、云计算等信息技术手段来提高社会治理水平；精细化，就是要在破解街道、社区的"最后一公里"难题方面做更精细的制度设计与安排。当然，笔者更想强调的一点是，政府不应也不能把所有社会治理的职能都揽于一身，社会组织在协调各方利益、共享公共资源、促进公平正义等方面可以对政府形成很好的补充和替代作用，这就要求政府将自身管不好也管不了的领域交给社会组织来自我管理。

第三，提升政府执行力是中国国家治理现代化的需要。政府如果没有执行力，再美好的愿景、再前瞻的规划、再详尽的方案，都只能是停留在脑海和纸面，无法真正得到落实。许多国家之所以陷入低收入陷阱、中等收入陷阱或塔西佗陷阱，与国家依法治国能力尤其是政府执行力的阙如有很大关联。当然，执行力与权力的合理配置也是紧密相关的，国家治理需要在权力下放方面有所考虑，没有权力匹配的执行是机械的。与此同时，政府的执行力又是建立在政府职能得到准确定位基础上的，以有能、有为、有效、有爱的有限政府定位来考察，国家依法治国能力的提升离不开三要素：法治、执行力、民主监督。

"静悄悄"但"革命性"的社会变迁

吴晓刚

香港科技大学社会科学部讲座教授

2017 年 12 月 14 日,设在巴黎经济学院内的世界不平等实验室发布了由《21 世纪资本论》作者托马斯·皮凯蒂等领衔的《2018 年世界不平等报告》,利用详细实证的跨国比较资料,第一次完整系统地呈现了 1980 年至 2016 年世界各国收入和财富分配不平等的变化趋势。

研究报告有以下几个发现:首先,收入不平等的情况在世界各地区之间差异很大,以欧洲为最低,中东最高;其次,各国的不平等状况在自 20 世纪 80 年代以来都有不同程度的上升,特别是北美、中国和俄罗斯为甚,显示各国的制度和政策在调节收入差距中起了很大的作用;最后,自 1980 年以来,虽然当时一个贫穷落后的国家——中国经济迅猛增长,抑制了全球范围的收入差距扩大的趋势，但是收入差距在全球范围呈快速上升趋势。在这一趋势背后，到底是什么经济、社会力量在推动中国发展？虽然有不少学者认为，20 世纪 70 年代的新技术革命是最主要的因素，但这份报告指出，20 世纪 80 年代以来各国在新自由主义思潮的影响下开展的大规模私有化运动是导致收入分配恶化，贫富差距扩大的主要根源。

中国改革开放的两个阶段

40 年前开始的改革开放，重启中国融入世界体系的过程。改革是革新原有僵化的计划经济体制，引入市场竞争，激发经济活力；开放则从外部引入市场经济模式，推动经济增长和体制转型。中国巨大的经济和社会变迁背后的一个主要逻辑依然是体制转型，即从一个以再分配为主的计划经济体制转向市场交换为导向的市场经济体制的过程。在此过程中，国家力量在形塑资源和配置生活机会中的作用衰落，与此同时市场力量在增强。这一此消彼长的过程对不平等的影响并非线性的，也并非一定伴随着经济发展而上升的。例如，以测量收入不平等的基尼系数而言，从 1978 年到 1991 年，中国名义上的人均 GDP 从 385 元增加到 1912 元，增长了大约 5 倍，但是，基尼系数只有些微的上升，从 0.317 增长到 0.341。而据有关学者的估计，1982 年和 1984 年的基尼系数分别只有 0.284 和 0.257。中国收入分配的基尼系数在改革开放之初，特别是 20 世纪 80 年代中期，实际上是有所下降的，主要原因是农村联产承包责任制的实施，释放了巨大的生产力，使得处在原计划经济城乡分割的体制下几乎赤贫的农村居民获得了巨大的收益；相对而言，当时的城市经济体制改革还未推开，大部分城市居民依然生活在单位福利制度体制之下。1992 年之后，市场经济大潮来袭，中国的名义人均 GDP 又增长了将近 10 倍，但是基尼系数也从 1996 年的 0.39 迅速上升到 2008 年的 0.491，虽然近年来有所下降。有人把收入分配的基尼系数 0.4 定为"警戒线"，认为超过这一"警戒线"，贫富差距的扩大将会引起社会动荡。虽然这种联系并非必然，但是要重视自 20 世纪 90 年代末期以来因收入分配差距引起的中国社会各群体的心理焦虑。

无有独偶，中国经济不平等的情况与 20 世纪末期自由资本主义的滥觞是相伴而生的。我与台湾"中央研究院"的林宗弘博士，在一篇研究中国社会分层的文章里，曾经把 40 年的改革开放分为两个阶段，第一个阶段可以称为市场化的阶段，大约是从 1978 年到 1992 年，主要是在原有的经济社会体制外开辟一块制度空间，允许市场经济的发展，同时在体制内引入一些市场的因素。这种条件下的改革，对社会不平等的结构并没有很大的影响，甚至市场曾一度成为解决体制内不平等的有效机制。例如，早期个体和私营经济的发展，为农村居民和城市中无法在体制内实现向上流动的群体（如待业青年）打开了一扇"机会之窗"。第二个阶段可以称为"私有化"的阶段，肇始于 1992 年邓小平南方谈话之后社会主义市场经济体制的确立。个体经营有了更大的发展，而雇工在 8 人以上的私营企业的合法性得到承认，其地位在 1997 年党的十五大以后更被提高到与公有制经济相同的地位，并在其后的宪法中予以确立。这些政策和法律的变化，不仅赋予了私有经济更大的发展空间，更为 20 世纪 90 年代末期的城市中小型国有和集体企业以及农村的乡镇企业的产权制度改革扫除了制度障碍。中国非公有经济部门的迅速发展，不少是来自原来公有制经济的身份转化，即通常说的"企业改制"。

图 1 显示，全国城镇从业人员部门所有制构成的变化。20世纪 90 年代中期之前，公有制部门的就业人口仍占 70% 以上；而 1997-2003 年短短的几年时间里，这个比例以断崖式的速度下降到 30% 以下。从 1992 年到 2016 年，城市中的私营企业主和投资人也由 13.6 万人上升 2229 万人。从制度变迁的角度看，这一"静悄悄"的、可谓之"革命性"的转变，实际上将中国40 年的改革开放的历史，划分为两个相对不一样但又具有连续性的阶段。

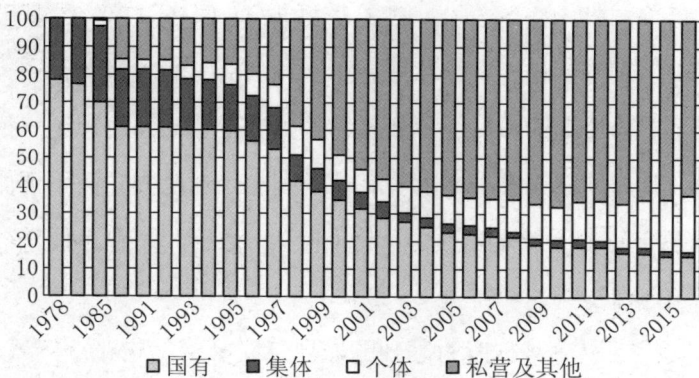

图 1　1978—2016 年中国城镇就业人口部门所有制的变化

住房、户籍和高等教育的变化

中国社会深刻的变化主要发生在第二个阶段。可以概括为以下几个方面。

首先，以原城市公有制单位为基础的社会福利体制的解体。1998 年以后住房制度改革使得人们大多不能再依靠原来的单位获得分配的住房，而只能通过货币化的补偿从市场购买，而原通过单位获得的公有住房的商品化也降低了劳动者对单位的组织依赖。其结果不仅大大促进了中国城市房地产市场的发展，也使得是否拥有住房产权以及房价上升成为 21 世纪以来中国社会分层的重要议题。自 1996 年以来搜集的数据显示，中国城市家庭的住房拥有率，从 1996 年不到一半，上升到 2005 年的 78.2%，2011 年的 79.9%，2015 年的 86.6%；2015 年有 14.12% 的城镇家庭拥有第二套住房，13.3% 的城镇家庭拥有金融资产（2005 年之后来自"中国综合社会调查"数据）。原来以单位为基础的社会保障制度的社会化，并覆盖非公有制部门的就业者，进一步消除了工作流动的障碍。不断萎缩的国有企业，面对市场竞争的压力，其雇佣行为也越来越与其他非国有企业趋同，而不再作为一个平等主义社会政策的执行者。当然，政府和事业单位在很大程度上还保留着这一特色。

其次，以户籍制度为基础的城乡二元社会结构正逐渐式微。加入日渐扩大的城市非公有部门的劳动力除了原国有和集体部门的转制人员之外，还有从农业部门转移出来的浩浩荡荡的农民工大军。自 20 世纪 50 年代以来实施的户籍制度，一直是中国社会主义再分配经济的一个重要组成部分。通过户籍制度将一度占全国人口 80% 的农村居民排除在社会主义城市福利体系之外。农村经济体制改革之后，家庭联产承包责任制代替人民公社制度，农民获得了很大的自主权，可以从事非农产业。从 20 世纪 80 年代到 20 世纪 90 年代早期，主要是通过发展乡镇企业和"离土不离乡"的模式吸收农村剩余劳动力。

　　自 20 世纪 90 年代中期之后（改革的第二个阶段），农村剩余劳动力向沿海经济发达城市的跨地区流动成为主流。他们也为这些地区蓬勃发展的非公有制经济提供了大量廉价的劳动力。1992 年城市人口仅占全国人口的 27.46%；到 2002 年这个比例上升到 39.09%；2016 年上升到 57.35%。相当一部分是没有当地城市户口的移民。例如在上海 24876680 的常住人口中，有 10026686 没有上海本地户口（2015 年上海人口办数字）。户籍制度控制人口地域流动的作用已经大大弱化，在劳动力市场分配过程中也越来越不作为一个重要的标准，特别是在日益扩大的非公有制经济部门。

　　最后，中国高等教育在 20 世纪 90 年代后期的扩张，也受当时盛行的新自由主义思潮和市场化的影响。1998 年扩招的决定一方面是为了缓解 1997 年亚洲金融危机给国内新增劳动力带来的就业压力；另一方面，大学也开始被允许收取不等的学费。

中国家庭对子女特别是独生子女教育投资的重视，显示这是促进国内消费的有效手段。从 1998 年到 2004 年，本科生录取人数平均每年增长 26.9%，从 108 万剧增到 447 万，在校生总数也从 341 万增加到 1333 万。所以在中国一度曾经出现过一种现象，上大学比上高中还容易（见图 2）。

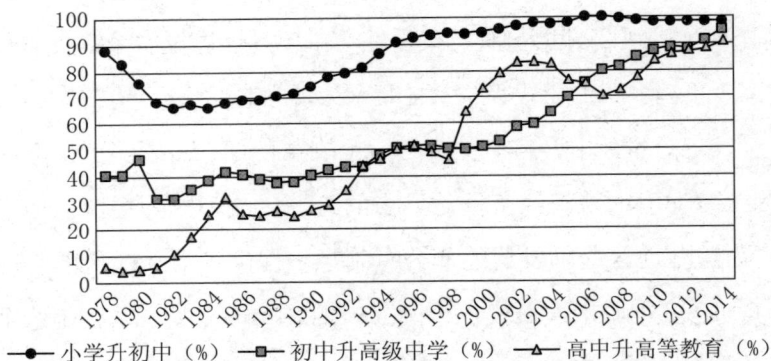

图 2　1978—2015 年中国各级普通学校的升学率

结　语

总之，20 世纪 90 年代中后期进行的一系列改革，背后的一个基本逻辑是市场化，国家从许多经济与社会领域退却出来。这些改革，打破了原有体制的束缚，一方面释放了巨大的经济活力，加上中国加入 WTO，造就了 21 世纪第一个十年中国的经济奇迹；另一方面，在经济发展优先的政策导向下，社会民生也付出了代价。贫富差距扩大，就业、教育、医疗、住房和社会保障领域的种种问题突出，影响了人民群众从经济发展中的获得感，增加社会冲突。

削减贫富差距，维护社会公平正义，正如《2018年世界不平等报告》指出的那样，虽然各国收入差距在过去的数十年都有上升，但不同的制度设计和政策实施在其中也会起到很大的作用。2008年西方金融危机之后，人们对冷战以后一路高歌猛进的自由资本主义不再盲目崇拜。处在制度转型中的我们发现彼岸并不存在。在新的历史条件下国家需要重新归位，在经济社会平衡发展中寻找新的角色。

值得注意的是，国家统计局的有关资料显示，中国的收入分配的基尼系数，从2008年达到0.491的顶峰之后开始逐年下降，到2016年的0.465，无论城乡收入比还是城市住户内部最高收入的10%和最低收入的10%的比例，都在2010年后开始下降。2012年习近平总书记在中共十八大报告中指出："我们的人民热爱生活，期盼有更好的教育、更稳定的工作、更满意的收入、更可靠的社会保障、更高水平的医疗卫生服务、更舒适的居住条件、更优美的环境，期盼着孩子们能成长得更好、工作得更好、生活得更好。"这一宣言预示着党和政府施政重心的转移，改革开放又一个新阶段、新时代的开始。

中国拥抱全球化的40年

高 柏

杜克大学社会学系教授

　　1978年底中国共产党第十一届三中全会作出了改革开放这一改变中国历史命运的重要决定。改革国内体制的各种弊端，积极参加国际分工，以融入世界经济来推动中国经济的发展使中国在过去的40年里走出的一个特色鲜明的发展道路。无论是改革初期在沿海地区建立的经济特区，还是今天的"一带一路"，中国一直以拥抱全球化作为推动经济发展的动力。

　　改革开放初期在沿海地区建立的经济特区通过提供基础设施、公共服务和各种政策支持，在一个指定的空间里把外国与本国的各种经济行为主体与生产要素高度密集地聚集在一起，使他们能够发现各种原来根本无法想象的交易机会。随着国内的劳动力和企业在经济特区与跨国公司的资本、技术以及营销渠道结合，中国开始深度参与国际分工，不仅变成跨国公司主导的全球价值链生产的重要节点，而且最终成长为世界工厂。正是通过深度参与全球化的过程，中国经济得以扩大出口，带动了经济增长，而且实现了中国经济与世界经济的融合。

这种对外开放的过程为中国国内的改革提供了强大的动力。中国的经济特区出现于经济全球化的时代，而经济全球化则是自20世纪70年代末以来席卷全世界的一个浪潮。在全球化过程中的市场化、私有化和去规制化的冲击下，中国政府在经济生活中的功能发生极为深刻的变化。在过去的计划经济中，政府不仅决定各经济部门的供给与商品价格，就连商品交换的过程也是通过计划经济进行，市场基本上没有发挥资源配置的作用。在计划经济中，国有企业占据了中国经济结构中的各主要部门。

与此同时，中国经济处于一个与国际市场基本隔绝的状态。而随着经济特区的建立以及对外开放的深入，中国经济中的政府作用发生巨大的转变。它不再负责供给和决定商品价格，也不再执行指令性经济计划。虽然经济特区有国有企业的投资，但是外资和民资在经济结构中的比重大幅增加。中国经济与国际市场全面接轨。由于在很长的时间里加工贸易在中国出口中占据重要的比重，经济特区中企业的资源配置基本上受市场需求变化的驱动。从经济特区开始的这种深刻变化不断地向内地扩展。

政府在经济特区开始的改革中发挥的主要作用是为企业赋能。它为特区提供重要的公共产品，建设一流的基础设施，为投资提供税收与土地政策方面的优惠，并通过简化各种管理流程以便减少企业的交易成本并增加企业运营的效率。政府为企业服务从而增强它们的国际竞争力是中国能够加入国际分工，吸收大量的外资，成为世界工厂的重要原因。

在分析中国经济特区时，经济学通常强调中国廉价劳动力这一比较优势。而经济社会学则认为虽然廉价劳动力是中国成为世界工厂的必要条件之一，却不是充要条件。廉价劳动力是形成比较优势的结构条件，但是我们不能直接把廉价劳动力与国际贸易中的比较优势直接等同。比较优势是一个社会建构的结果，只有得到贸易伙伴认可的廉价劳动力才能成为比较优势。而中国之所以能得到贸易伙伴对廉价劳动力的认可，成为世界工厂的秘密就在于经济特区提供的各种公共产品极大地增强了企业的运营能力和效率，使各种企业愿意在这里而不是别处寻找廉价劳动力。因此，经济特区是中国成为世界工厂的充要条件，是经济特区提供的发展平台。离开这个发展平台对企业的支持，廉价劳动力只能是一个潜在的生产要素，而不会成为国际贸易中的比较优势。

在参与发达国家跨国公司主导的全球生产分工的过程中，中国经济开始成为带动其他发展中国家经济起飞的重要推动力。这个角色的转变得益于中国经济在世界经济中的双重身份：一方面在发达国家跨国公司主导的全球生产体系中，中国位于价值链的低端，依靠廉价劳动力扩大出口，扮演着世界工厂的角色。另外一方面，这种世界工厂的角色既使得中国积累了大量的贸易顺差和外汇储备，又逼着中国满世界地寻找能源和原材料以维持世界工厂的正常运转。中国在能源和资源领域进行了大量的投资。中国对能源和资源的需求以及相应的投资对非洲、拉美和中东地区以及澳大利亚和俄罗斯等能源和原材料生产国而言，是促进经济增长的重要推动力。

2013年以来中国开始推动的"一带一路"项目更是为推动更加包容的全球化作出自己独特的贡献。对许多发展中国家而言，经济增长的最大瓶颈来自基础设施的落后。中国推动"一带一路"的做法在很大程度上借鉴了发展经济特区的经验。"一带一路"首先强调的是基础设施的互联互通，在尊重相关国家主权和安全关切的基础上，加强沿线国家基础设施的建设规划、技术标准体系的对接，共同推进国际骨干通道建设，逐步形成连接亚洲各次区域以及亚欧非之间的基础设施网络。

遵循自身过去的"要想富，先修路"的经验，中国主张优先抓住欧亚大陆上交通基础设施的重要通道、交通节点和重点工程，优先打通缺失和瓶颈路段，打造各条欧亚大陆桥。与此同时，推进建立统一的全程运输协调机制，促进国际通关，检查检验、换装、多式联运的有机衔接，逐步形成兼容规范的国际运输规则，推动国际运输的便利化。在21世纪海上丝绸之路的建设中推动口岸基础设施建设，推进陆海联运，增加海上航线和班次并加强各国在海上物流信息化方面的合作。

中欧班列自2011年开行以来至2017年底已累计开行6000

余列，其中 2016 年中欧班列开行了 1702 列，而 2017 年则达到 3000 列。据不完全统计，中欧班列国内开行城市已达 27 个，覆盖 21 个省区市，到达欧洲 11 个国家的 28 个城市。根据铁路总公司制定的规划，到 2020 年中欧班列要实现年开行 5000 列。这些班列把许多过去相对区隔化的局部市场，通过交通基础设施的互联互通连在一起，为欧亚大陆的贸易增长提供物流的支撑。这个交通基础设施的发展还提供了一个促进直接投资，推动各种市场机制和制度发展的大平台。在中欧班列的支撑下，由铁路、公路、海运和空运运输相互支撑的物流体系，和为贸易、投资和其他经济交往服务的各种制度和机制正在发展壮大。

阿里巴巴大力推动的电子世界贸易平台正在构建欧亚大陆经济整合的另一个重要的基础设施。阿里巴巴计划在物流方面投资 1000 亿元人民币，实现国内一天、国际三天之内网上购物运达的目标。阿里巴巴的第一个境外电子世界贸易平台已经在马来西亚落地，世界上许多国家正在与阿里巴巴就跨境电子商务展开合作。可以想象，有了阿里巴巴在欧亚大陆各地建设的电子世界贸易平台，再有中欧班列的交通基础设施的有力支撑，全球化和国际贸易必然有进一步的发展。

中巴经济走廊则呈现另外一种态势。电力短缺是巴基斯坦经济增长长期以来面临的瓶颈，在最多的时候有 40% 的缺口。中巴经济走廊的第一期建设以电力基础设施为突破口，同时也大力加强交通基础设施的建设，对现有的公路和铁路进行升级换代。

自从 2013 年推动中巴经济走廊的建设以来，巴基斯坦的经济发展速度明显加快。

中国拥抱全球化的下一个重大举措是加快开放的步伐。2018年 11 月，中国将在上海召开中国国际进口博览会。这将向世界各国进一步开放中国巨大的国内市场，通过带动其他国家的出口来支持自由贸易和全球化。

在英国脱欧，特朗普主张美国第一，欧洲难民危机导致反全球化势力大增，全球化逆转成为一个现实的威胁，保护主义在许多国家兴起的时刻，中国倡议的"一带一路"是继续推动全球化，捍卫自由贸易，并使全球化更加包容、更加平等的重要举措。

"一带一路"的沿线国家大多是发展中国家，包括很多被隔绝在过去 40 年的全球化过程之外的国家。中国推动的"一带一路"就是要通过为这些国家提供发展机会而为全球化提供新的动力。

3

社 会

人口模式变化下的中国老龄化 / 085

留学与海归背后的制度变迁 / 094

中国人口政策改革的机遇与启示 / 104

成为服务型政府的难题 / 110

喜忧参半的医疗改革 / 115

被计算机改变的人生 / 126

人口模式变化下的中国老龄化

彭希哲

复旦大学人口与发展政策研究中心教授

在过去的 40 年间，中国完成了人口转变，在 2000 年进入老龄社会以后，不断提升的人口预期寿命和持续的低生育水平使得中国人口老龄化开始了加速的进程，应对老龄社会的挑战已经成为中国政府和全社会都在关注的问题。

一

1978 年，中国已经实施了近十年的以"晚稀少"为主要特征的计划生育政策，总和生育率已经从 1970 年的 5.8% 下降到 2.8% 左右。人口自然增长率已经从 1963 年的 3.3%，下降到 1970 年的 2.5%，再降到 1978 年的 1.2%。年度出生人口数在 1963 年高达 2954 万人，整个 20 世纪 60 年代平均每年出生

2404 万人，70 年代下降到年均 2179 万人，到 20 世纪 70 年代后期更下降到 1800 万左右。中国在 1979 年开始推行以鼓励独生子女为主的新的计划生育政策（独生子女政策），并在 1980 年 9 月 25 日以《中共中央关于控制中国人口增长问题致全体共产党员共青团员的公开信》的形式在全国各地普遍实施。在当时，三十岁以下的人口约占全国人口总数的三分之二，而 65 岁以上的老年人口不到总人口的 5%，中国是一个人口年龄结构相当年轻的社会。大量的劳动年龄人口为中国的改革开放准备了充足的人力资源，尽管人口增长已经开始减速，但仍被认为"将会大大增加实现四个现代化的困难，造成人民的生活很难有多少改善的严重局面。"

实施独生子女政策的这 30 多年，也是中国改革开放不断深化和社会快速转型的 40 年。中国的总和生育率、出生率和人口自然增长率在这个期间持续走低，总和生育率在 20 世纪 90 年代中期已经低于更替水平（每个妇女一生生育 2.1 个子女），此后长期徘徊在 1.5 左右，成为世界上生育水平最低的国家之一。人口的预期寿命则在此期间稳步上升，从 1982 年 67.8 岁增加到 2017 年的 76.4 岁。就一个国家而言，人口老龄化的主要动因是出生人口的减少和以人口寿命延长为标志的老年人口的增多。中国在改革开放的这 40 年间完成了人口转变，人口年龄结构开始了老龄化的进程。

按照国际通用的标准，60 岁及以上老年人口在总人口中的比重超过 10%（或 65 岁及以上超过 7%）即表示该人口进入老龄社会。中国老年人口的比重（60 岁及以上）在 1982 年时为7.62%，1990 年为 8.57%，2000 年提升到 10.33%，第一次达到了老龄社会的国际标准，其后老龄化进程加速，到 2017 年老年人口已占总人口的 17.3%。老年人口的绝对数量也从 1982 年的7682 万，增加到 2000 年的 1.3 亿，2017 年的 2.4 亿。

人口老龄化是一个全球性的人口趋势，发达国家早于中国进入老龄社会。根据联合国人口司 2017 年的预测，在全球 200 个国家和地区中有 94 个已经进入了老龄社会，到 2050 年这一数字将增加到 160 个左右。

二

相较于发达国家，中国老龄化的进程有一些显著的特征：老年人口基数大，人口老龄化的速度快，区域发展的不均衡。中国老年人口预测到 21 世纪 50 年代达到峰值，在 4.3 亿左右，超过总人口的三分之一，并将在这一状态持续很长时间。也就是说，当印度在十多年以后成为世界上人口最多的国家时，中国将始终是老年人口最多的国家。发达国家的老年人口（65 岁以上）占总人口的比重从 7% 增长到 14% 一般需要 50 年左右的时间，而中国只有 27 年，仅与日本相仿，快速的老龄化使得中国应对老龄化挑战的准备时间很短。

中国各地区社会经济发展和人口变动态势有很大的差异，上海在 1979 年就进入了老龄社会，而青海等省区至今尚未达到老龄社会的标准。中国在改革开放以后巨大的人口流动进一步加剧了这种区域性老龄化进程的差异。中国的东南部地区由于吸纳了大量来自中西部省区的年轻的流动人口，人口老龄化的进程在近年都有所缓解，广东省就是一个典型。而在内陆省区，由于年轻人口的迁出和中老年流动人口的返迁，老龄化呈加剧的态势，重庆就是这样。同样原因，中国农村老龄化的态势也较城市更为严峻。

除了以上人口学特征以外，中国老龄化进程还受到政府政策的很大影响。中国计划生育政策的实施在中国生育水平下降的早期发挥着最重要的影响，其后社会经济发展和人们生育观念变化的作用则越来越大，这可以从近两年国家推行全面二孩政策的效果有限得到验证。人口生育政策的调整对中国未来的持续稳定发展非常必要，但不会改变老龄化的基本态势。

2015—2035 年是中国老龄化进展最快、波动最大的时期，也是未来社会抚养比相对较低、老年人口结构相对年轻的时期，尤其 2018—2021 年还将出现短暂的"底部老龄化"和"顶部老龄化"同时弱化现象，是应对老龄社会的战略和战术储备的最好的机遇期。

老年人口高龄化主要表现为 80 岁及以上高龄老人占比升高，并稳定在较高的水平。2015 年中国高龄老人规模为 3039万，在老年总人口中的占比超过 20%。2032—2037 年将是中国高龄老年人口快速增长的时期，高龄老人将接近 1 亿人。

　　与老龄化进程相伴的是中国家庭模式的变化。在人口变迁和社会转型的双重影响下，中国家庭模式发生了急剧变化。根据人口普查的口径，中国家庭户规模在不断缩减，全国家庭户平均规模从 1990 年的 4 人下降到 2010 年的 3.1 人；家庭结构不断简化，一人户和一代户比重持续增加，而二代标准核心户（即夫妇与未婚子女户）也从 1982 年的 48.20% 降到 2010 年的 33.38%；1982—2000 年间中国家庭户的户均老年人数量稳定保持在 0.22—0.24 人，至 2010 年陡增至 0.41 人 / 户，与此同时的户均孩子数量却从 1982 年的 1.48 人陡降至 2010 年的 0.51 人，平均每个家庭少了差不多 1 个孩子；老年人居住模式出现结构转变，纯老家庭逐渐增多，家庭养老能力呈整体弱化趋势。当然家庭户统计数据的变化不能否定家庭功能在新的历史阶段仍然得以基本维系，生活方式的变化和现代科技的使用延伸了家庭的功能空间，也在一定程度上为变化了的家庭提供了更多的社会支持。

三

　　老龄社会在中国还是一种新的社会形态，人们对老龄化自然存在着担忧甚至恐惧，最主要的反映在未来劳动力减少、养老金的长期平衡，医疗和长期照护压力等方面。

　　中国劳动年龄人口（15—59 岁）在过去的 30 多年间持续增

长，占总人口的比例也远高于世界绝大多数国家和地区。这为中国的经济高速增长提供了源源不断的劳动力资源，是中国成为世界工厂的最重要的因素之一，巨量的劳动力资源使得中国能够收获人口红利。这一态势到2012年达到峰值，此后劳动年龄人口开始缓慢下降，未来劳动年龄人口的变动趋势在很大程度上取决于现在的年轻人口的生育行为。

劳动年龄人口的下降并不必然意味着中国劳动力的短缺。按照经典的人口红利理论，收获人口红利的机会窗口在中国还继续开启着，并将一直延续到2030年左右才会最终关闭，届时人口红利转变为人口负债。与此同时，我们也应当看到，中国劳动力的素质正在不断提高，一个重要的原因是过去20年间中国高等教育的快速扩张。中国高校的招生人数从1997年的100万人猛增到2017年的700多万人，这为中国以不断提高的劳动力质量（和劳动生产率）来补偿劳动力数量的减少创造了有力的条件。

中国是在社会保障制度开始建立和初步完善的过程中就面临了老龄化的挑战，这与西方发达国家有很大的不同。发达国家相对完备和长期运行的社会保障体系虽然也面临老龄化的挑战，但中国要实现养老金缴付的长期平衡和在不同人口群体间的基本平等所要应对的挑战和困难更加严峻，而留给我们的时间则有限。

人口老龄化将进一步推动中国民众整体健康状况和疾病谱的变化，高龄化的进展给医疗保险制度的持续稳健运行和长期护理制度的建立带来巨大挑战。中国老年人口的中重度失能率约为3%—4%之间，按照这一比例进行推算，2017年中国中重度失能老年人口规模约为720万—960万，这部分老年人口是长期照护服务的刚性需求群体。《全球阿尔茨海默症报告（2015）》的预测显示，中国有超过950万认知症患者，占全世界认知症患者的20%。到2030年，中国认知症患者预计将达到1600万。在提高全体中国人民的健康水平的同时，为超过千万的失能失智老年人口提供医疗照护服务直接考验中国政府和社会的应对能力，事关中国社会经济可持续发展和"两个一百年"发展目标的实现。

1980年中共中央发表有关计划生育的公开信时，已经意识到生育水平的持续下降会在40年以后导致人口老龄化，提出"生产发展了，人民生活改善了，社会福利和社会保险一定会不断增加和改善，可以逐步做到老有所养"。配合干部制度的改革，中央政府在1982年颁发了有关干部离退休制度的相关文件，但在整体上老龄工作没有纳入政府议事日程。随着20世纪90年代改革开放的深化，特别是国企改革的开展，国家相关部委陆续出台的养老保险、医疗保险、低保制度、农村养老保险制度、农村初级卫生保健和新型合作医疗制度、社会救助制度、农村扶贫计划等逐步得到完善和健全。1996年，全国人大常委会颁布《中华人民共和国老年人权益保障法》，此后1999年，国务院成立全国老龄工作委员会，中组部、中宣部、民政部、劳动保障部、财政部等 25 个部门参加。这一时期，中国的老龄政策与老龄机构建设并重，并逐步完善。

四

中国的老龄工作在进入 21 世纪以来稳步发展，"十三五"期间更是得到长足的发展，习近平总书记 2016 年 5 月 27 日在中央政治局会议上针对老龄化问题讲话强调，坚持应对人口老龄化和促进经济社会发展相结合，坚持满足老年人需求和解决人口老龄化问题相结合，努力挖掘人口老龄化给国家发展带来的活力和机遇，推动老龄事业全面协调可持续发展；划拨国有资产充实社保基金等举措为老有所养配置了更多的资源，以养老服务和养老医疗保障为核心的老龄政策体系基本形成。

中共十九大报告提出新时代背景下解决人口老龄化问题的理念和举措，构建养老、孝老、敬老政策体系和社会环境，推进医养结合，加快老龄事业和产业发展。2018 年国务院机构改革更为有效应对老龄化的挑战从国家行政体制的高度作出了安排。

应对老龄化挑战并不只是政府的职责，老龄化挑战也不仅仅是如何为老年人口提供公共服务。老龄社会是一种全新的社会形态，传统的建立在年轻人占人口绝大多数基础上的相关的制度安排等都需要根据老龄化发展的态势作出调整甚至重构。每个人、家庭、社区、单位，乃至整个市场、社会和政府都会适应这种人口学变化而调整资源配置、生产和生活方式、制度安排和政策设计，代际平等和多主体共同分担责任应当成为更加重要的治理理念。

为解决人口老龄化带来的问题，世界各国都根据各自社会经济发展和政治文化传统等基本国情建立各种制度安排和政策项目，为中国积极应对人口老龄化挑战提供了丰富的经验借鉴。

现代科学技术的迅猛发展和国际社会经济情势的快速变化，中国的政治体制、文化传统、家庭伦理、人口经济大国等基本国情为中国应对老龄化提供了更多的机遇和途径。中国老龄化的长期进程与中国实现社会主义现代化强国的进程在时间上基本同步，老年人口对美好生活需求的满足也是实现两个一百年发展目标的内涵之意，老龄中国也应当是美好的。

留学与海归背后的制度变迁

崔大伟

香港科技大学人文社会科学学院讲座教授

今天的世界是知识经济的世界，各国都在竞争技术人才。很多国家都制定了战略性的人才政策以吸引国际人才定居。但是吸引人才的重要性和政策不受欢迎是个两难问题，这时就凸显了政策制定者的重要作用。

中国政府在逐步开放留学，积累人才储备，进而引进海归学者、科学家和企业家的过程中扮演了至关重要的角色。他们努力提出创造性的政策，试着解决许多阻碍顶尖人才回国的一系列因素，包括制度性歧视等带来的问题，以及缺乏稳定的终身教职等一系列问题，并带来令人瞩目的成就。

那些希望吸引海归劳动力的国家首先需要在科学基础设施上积极投资，提供等同于甚至优于发达国家的实验室和设备。萨瓦里亚（Savaria）和米兰达（Miranda）认为，当科技政策和科学投入相匹配、真正的机会出现的时候，早年去海外的淘金者自然会回国。然而，更重要的是一个国家的"软环境"，诸如法律、文化和人际关系。纽兰（Newland）则认为，往返于家乡和移民国家的人回国，最根本的因素是法制，产权保护，公开、透明以及清廉的政府和一系列善治的措施，包括双重国籍或者绿卡等。

其次，吸引海归的另一个关键是东道国和收入差距。税收减免、居住津贴、高薪水、便宜的贷款和经费的自由处分权都会吸引海外人才回来。然而，这些优惠政策都不免带来本地学者的敌意，不少人会把海归看成是一种威胁。同时海归还会引起区域发展不平等。

第三，人的回流可以改变权力的分配、想法和资源。即使海外人才不愿意回国，他们仍然可以通过侨民的身份为祖国发展做贡献。国家也希望能够借助他们的跨国资本。因此侨民可以通过赫希曼所说的"退出"：也就是拒绝回国，或者是通过请愿和集体发声、抗议或者是海外的游说，来迫使当权者改变政策以吸引人员回国。

在改革的过程中，中国的领导者试着积极回应这些问题。他们提供了经济补偿和特殊政策，把人才放在国家发展的第一位，加大科研项目投资力度，同时承诺人才自由流动，鼓励人们出国并认可他们在国外所学的知识。目前，国家重点项目学科带头人中，超过七成是海归。这些成就并非一日之功，而是通过许多代领导人的长期努力，让中国得以离开计划经济的状态，在世界范围储备人才，进一步成为人才回流的中心。然而，政策开放的过程遇到的艰辛和阻力也非同一般，于是在早期呈现出一种新领导上任，政策"放—乱—抓—死"的螺旋上升的路径。这个过程对其他发展中国家也有非常重要的借鉴意义。

1978—1998：游离于开放与收紧

改革开放之初，邓小平就对中国和世界的科研水平差距忧心忡忡。于是在 1978 年 6 月教育部组建了一次特别小组，研究管理留学事务。在会议上，邓小平批评当时的海外留学政策"太死板"，认为"独立和自力更生并不意味着闭门造车"。这次会议是留学事业的破冰之举。最初邓小平的想法是每年出去一万人，但教育部最终把名额定在每年三千人，部分是由于资金的分配问题。在 1980 年之前，所有留学生都必须得到教育部或是中科院的批准和资助。1980 年教育部试着开放了自费留学，然而紧接的一波高干子弟的自费留学潮导致项目被迫取消。

1984 年春天，中国进一步开放了留学的大门。新的政策允许中国的大学和海外高校建立交换生，学生可以直接申请海外奖学金。因此自 1984 年 11 月起，任何拿到海外奖学金的学生都可以出国留学。自费的学生想要出国只需公安局的批准，而不再需要通过教育部。教育改革进展迅速，到了 1985 年春，海外交换生、教材和学生的入学等方面都进行了一定程度的开放。中国国家科学基金也开始接受海外回国人员的项目申请。紧接着，留学生的配偶被允许出国陪读，导致回国人员的比例迅速下降。许多留学生获得海外的研究生学位后，在海外打工的配偶的支持下继续攻读博士学位。

教育部 1987 年的调查数据显示绝大多数 1983 年之后出国的博士生仍然滞留海外。时任国家教育委员会（等同于今天的教育部）副主任的何东昌因而宣布削减留学生的名额，增加短期访学学者，同时停止留学人员配偶的出国探视。政府资助的学生如果没有在五年内完成学业并回国，将遭到罚款。政策遭到中国在外留学生的反对，国外基金会和大学开始向中国学生提供奖学金，大部分学生不再依靠政府资助，因此这些条款很少得到实施。

20 世纪 80 年代末，出国留学的人数大幅上扬。参加托福考试的人数从 1989 年的 36000 人上升到 60000 人。同时，受政府资助的留学生大量滞留海外不归。因此政府进一步加强了对留学的管控，要求留学生出国前必须有不少于五年工作经验。同时留学审批被下放到省教育委员会，自费留学生的人数在 1990 年比前一年下降了 13%。

留学生滞留海外的情况阻碍了邓小平通过海归以现代化中国的构想。1992 年 8 月，政府下达文件允许签证过期的海外留学生可以在使馆续签签证，因公护照也可以转为私人护照。

突然之间，春暖花开。国内人才市场松绑了，海归们也不再必须回到原来的单位。公安部宣布公派留学生的家属又可以出国了，这也意味着，资助留学人员的工作单位不能通过卡出国审批来讨要经济补偿。同年，人事部首次提出了一项促进海归回流的政策：在深圳、上海和福建设立工作介绍所，提供生活优待，比如更大的房子，高级职称，帮助家庭成员搬迁，提供研究经费，以及成立了一个国家级的海归联谊会。在1993年的十四届三中全会上确立的"支持留学、鼓励回国、来去自由"的十二字主旨，至今都是留学海归政策的指导思想。

1998—2012：伴随着争议的人才国际化

1998年中共中央总书记江泽民认为中国的人才属于全球人才储备的一部分，中国的科技管理人才需要到海外去增加人力资本。因此中国必须促进人才国际化。1998年5月江泽民发表"北大讲话"，倡导建立属于中国的世界一流大学。政府同时设立了985计划以帮助实现这一目标。响应中央的号召，中国科学院扩大了百人计划的规模，从每年的20人扩大到每年的100人左右。每个合格人员将获得高达200万元人民币的研究经费。教育部和香港地产大亨李嘉诚一同发起了长江学者计划，给予回国人员可观的收入补助。朱镕基在2001年的全国外资工作会议上进一步补充，"（中国）应当把外资工作的重点……转移到引进先进技术、引进现代化管理、引进专门人才方面来"。

　　同时，为了让海外华人研究者同时参与到国家建设中来，中央在1997年提出"为国服务"的概念，与传统的"回国服务"不同，为国服务认可留在海外的公费留学生的贡献，即使他们不愿意"回国"。同时，政府为海外人员提供一系列便利，譬如允许同时保留海外和国内的职务，参与国内外合作项目，回国教书以及技术交流，在中国建立自己的企业等。

　　到了2000年前后，中央政府进一步提高了人才工作在政府工作计划中的地位。2002年2月，中共中央和国务院颁布《2002—2005年全国人才队伍建设规划纲要》以推动"人才强国战略"。核心原则是对海归"完全的信任"，给予部分顶尖海归人才以领导地位。2002年底，作为分管人事和组织工作的政治局常委曾庆红提出党要进行人才管理，第二年建立的"中央人才工作协调小组"协调超过20个部委和委员会的工作。

　　然而，随着海归数量的增加，吸引回国人员的另一个阻力慢慢显现出来。2007年的数据显示，2002年在美获得博士学位的中国大陆留学生高达92%仍然留在美国。相比之下印度的这个比例是81%，加拿大是55%，中国台湾和韩国分别为43%和41%，2007年当年毕业的留学生高达九成希望留在美国发展。究其原因，研究机构内部的学术环境开放进度的缓慢是最大的障碍。2007年的另一个调查发现，当海归考量回国与否的时候，他们更希望看到一个全面改善的人才环境，而不是特殊优待。

　　而研究环境的问题仍然没有很好解决。2011年中组部对千人计划成员的调查显示 49% 的人抱怨"研究风气不好，把很多的时间花在学术之外的"公关活动上"，另有 45.9% 的人认为"科研项目审批不透明，存在拉关系、走后门现象"。研究机构对千人计划的态度是矛盾的，有部分机构领导并不欢迎人才计划。在 2012 年 6 月组织部召集的一次会议上，北方一所 985 高校的校长对人才项目的高工资和奖金颇有微词。他认为给予海归过高的待遇是不公平的，会伤害到国内毕业的博士生和研究人员。该提议获得中科院一个研究所所长的响应。他们都希望平等和无差别地对待研究人员，通过研究机构分配经费而不是通过竞争获取国家自然科学基金的经费。

这个会议让我们得以一窥研究机构对新政策的抗拒的一个来源：大学校长和研究所所长们。1999 年时，中国最顶尖的 38 所大学只有不到四分之一的校长拥有海外的博士学位，另外大约四成的校长曾经在海外做过访问学者。而 2005 年一半的校长都拥有海外博士学位。

相比之下，科研院所的国际化程度就不那么尽如人意。拥有海外学位的研究所主任的比例在 2013 年仅仅上升到 26.8%（2002 年为 18.9%），还有超过四分之一（2002 年为 39.2%）没有任何海外学习研究经历。为了进一步研究中国研究机构的领导们谁更愿意吸引海归，我们收集了 27 所 985 高校 1999 年到 2012 年间每年引进的长江学者和千人计划学者的数量，以及校长信息进行量化分析。

　　结果发现，决定引进海归数量的校长有三个主要因素，校长是否外部调任，校长是否有在海外的博士学位，以及校长是否还有进一步晋升的机会。我们发现，具有海外长期学习经历的校长可能更看重海归高端人才的价值，而具有晋升潜力的校长在执行中央政策方面也更加积极，所以这两类人群也许有更强的意愿对学校进行一定程度的改革。另一方面，从外部调任来的校长对于学校改革有更小的心理负担，更愿意改变学术环境。

　　在过去的二十年里，大学的改革者们进行了一系列广泛的人才管理创新，获得了一定的成功。管理模式主要分为三种：一是建立聘任双轨制，允许海归人才选择非编制内，拥有高工资和更大的发表论文压力的职业轨道；二是学校也可以建立具有更大自主权的学术"特区"，挂靠"特区"的海归人员享有对经费更大的处置权；三是学校还可以聘任在海外保留职务的教授担任学院院长，结合学术"特区"对学校进行小范围改革。改善后的学术环境对海外人才有更大的吸引力。

2012—2018：展望未来

　　十八大以来，海归和留学政策进行了数次改革。一方面，中央进一步强调爱国主义在人才引进上的重要性，中央同时鼓励留学生到海外展示中国成就，增强中国软实力。另一方面，中央注重如何管理、用好已经回国的人员。在2013年的讲话中，习近平总书记在原有的"支持留学、鼓励回国、来去自由"十二字原则后又增加了"发挥作用"四个字。响应这一号召，地方政府纷纷成立海归人员协会，集中领导处于学校、私企等不同机构中的回国人员，并通过协会加强海归人员和党的联系。政府对移民管理的制度变得更加完善。2015 年，中央深化改革领导小组提出需要一个更加合理而实用的境外人士管理办法，于是 2018 年 3 月在公安部底下组建了副部级的国家移民管理局，负责协调拟定移民政策并组织实施。

结　论

　　纵观过去 40 年，留学和海归的潮流经历了巨大的变化。从 20 世纪 70 年代国门紧锁到近十年的海归潮，开放趋势和旧制度之间的张力推动着每一轮政策的开放和紧缩。在 1980 年代早期，邓小平要打开留学大门以建设一个强大的现代化的中国，留学生出于使命感而回国。到了 1980 年代中期，随着自费留学的扩大，年轻的一代人开始把职业考量看得更重，落后的科技投入是最主要障碍。随着经济发展，到了 1990 年代后期研究环境、文化因素成为阻碍人才回流的桎梏。尽管政府投入了很大的资金和努力仍然没有办法解决研究环境的问题以吸引最顶尖的人才。幸运的是，在政治动员下，一些学校开展了小范围的创新政策以吸引人员回归。通过人才竞争和鲶鱼效应，许多研究机构研究环境有了一定的改善，然而研究环境的问题仍然是当前阻碍人才回归的最大因素。2013 年习近平总书记提出了"支持留学、鼓励回国、来去自由、发挥作用"的方针，进一步确定了鼓励人才流动的指导方针。我们可以期待一个越发壮大的海归群体、更加自由的人才流动的未来。

（香港大学博士研究生康思勤对本文亦有贡献）

中国人口政策改革的机遇与启示

王 丰

复旦大学社会发展与公共政策学院教授

改革开放以来中国经济高速发展，是由诸多内部条件和外部机会酝酿而成的。40 年的改革路程从一开始就没有什么蓝图，今天中国社会的经济繁荣和社会开放也完全是任何人在 40 年前无法预料到的。在经济改革年代中国经济高速发展的诸多内部条件之中，人口是关键因素之一。

经济改革改变了人口和经济的关系。经济改革开始的前夜，中国社会还笼罩在沉重的马尔萨斯人口论阴云下（马尔萨斯：18—19 世纪英国人口学家和政治经济学家，其人口定理认为人口增长按照几何级数增长，而生存资料仅是按照算术级数增长，人口不能超出相应的农业发展水平，多增加的人口总是要以某种方式被消灭掉）。

　　经济改革前人民健康水平的快速提升，带来了中国史无前例的人口剧增。仅 30 年间中国人口几乎增加了一倍，从新中国成立之初的 5.4 亿到 20 世纪 70 年代末的近 10 亿。在计划经济制度下，理想中的物质极大丰富为基本生活需求得不到保证所代替，人口快速增长和就学就业甚至糊口的矛盾日益凸显。"文革"高峰期后，1700 万城市里的青年人，到农村"接受贫下中农的再教育"。在中国农村一些地少人多的地区，有些生产队已经开始施行每个家庭劳动力轮流出工的做法，以减少集体经济下可分配收入的不足和家庭之间因劳动力人数不均导致分配不均的困境。而就在中国社会开始经济改革之时，20 世纪 60 年代初出生反弹的大批人口即将达到就业和婚育年龄。这种对人口增长的恐慌，在一定程度上也促成了同经济改革同时出台的人口政策，即持续了 35 年之久的独生子女政策。

　　改革开放 40 年来，中国经济社会活力爆发的根本源泉来自被承认并唤醒了的人的能动性和创造力。从食物生产供应到就业住房，人从计划经济制度下被动的"口"，变成了市场经济时代能动的"手"。计划经济时代的各种票据取消了、农村人口进城打工的限制取消了、国家分配工作的制度废除了，而粮食蔬菜供应增加了、就业问题解决了、收入大幅度增加了。20 世纪 90 年代初，中国社会 20—24 岁年龄组的年轻劳动力平均每年人数高至 1.25 亿万，比 70 年代末 80 年代初的 8000 万左右增加 50% 之多。改革开放不仅没有使这些人口成为噩梦，反而正是这一批健康的同时受过了基本教育的强壮劳动力成为了 20 世纪 90 年代至今的经济发展的主力军。

大批年轻强壮劳动力与有利经济条件的结合，给中国社会带来了历史性的人口红利。人口红利的产生，是人类历史上人口变化的一次历史性机会。只有在合适的经济制度环境和机会中，这种历史性机会才能变为现实。根据不同的测算，在经济改革开始的前 20 年，人口红利对中国经济增长的贡献占人均 GDP 增长率的 15%—25%。这个所谓的人口红利不是像某些人简单描述的那样，即认为人口中青年人口比例高就会自然产生经济红利。在高死亡水平的环境下，人类只能依靠高生育水平来维持人口延续或缓慢的增长。当死亡率大幅度下降，生育水平不能与之同步下降时，便造成了人口增长。20 世纪后半叶全球人口爆炸性增长正是由此而来。而当人类社会在随后对生育水平实行了相应的调整之后，人口快速增长便迅速成为历史。生育率下降之前产生的众多年轻人口，与生育率下降之后少儿人口数减少同时老龄人口比例还很低结合在一起，便是一个抚养负担很轻的人口年龄结构。这个过程中出现的大批年轻人口需要有相应的就业机会，使他们能成为有效的生产者，才能把人口红利的机会变成现实。中国的经济发展，尤其是以出口为导向的加工型工业和随着经济改革而来的各种经济机会，创造了有利的环境制度条件，使中国社会实现了人口红利。

造成中国人口红利机会的生育水平下降，主要来自改革开始

之前的 20 世纪 70 年代，而不是改革之后。在 20 世纪 70 年代
这十年内，中国妇女的生育水平下降 50% 以上，从 1970 年每
对夫妇期望出生 5.8 个子女到 1979 年 2.7 个。这十年间的生育
率下降幅度，占到中国生育率下降的全部过程，从 1970 年水平
到目前远低于更替水平下降总幅度的 70% 以上。生育率水平在
20 世纪 70 年代大幅度下降，从根本上是因为在此前的死亡率大
幅度下降之后，控制生育的愿望在社会中广为存在。中国政府在
20 世纪 70 年代推行的"晚、稀、少"的计划生育政策，在很大
程度上应和了这种社会需求。

　　然而，当中国经济开始走出计划制度之时，政府对百姓生育
的计划却迟迟不能松绑。在 20 世纪 70 年代末至 20 世纪 80 年
代初，中国开始推行"一对夫妇只生一个孩子"的独生子女政
策。尽管 40 年前中国社会开始对计划经济的不可行性逐步达成
共识，并坚持了大胆持续的改革，对 20 世纪 70 年代人口生育
率的下降，很多人的认识仍然滞留在计划经济年代，即认为政府
还会像在计划经济体制下那样对个人生计负责，同时完全否认个
人的理性而继续迷信计划的力量。

　　过去几十年世界人口变化对我们是很好的启示。时至今日，
低生育率和人口老化已经是漫及全球的趋势。生育率下降到更替
水平或之下已经跨越了各种可能想象的边界：无论是东方还是西
方，无论是无神论还是天主教、伊斯兰教国家，无论是民主还是
专制国家。高速人口增长在除了非洲之外的许多地区都已经成为

历史。超过世界人口总数一半的人都生活在生育率低于更替水平的国家和地区。中国所在的东亚地区和南欧、东欧一起，成为全球低生育率地区中"低中更低"的三个地区之一。

中国经济增长从 21 世纪头 10 年初开始减速，在一定程度上也是因为 20 世纪 70 年代生育率下降所产生的人口红利已经耗竭。由于人口红利产生于生育率的大幅度下降，这个红利也只能是一次性的、历史性的、无法复制的。中国社会很幸运成功受益于这个历史性红利，要感谢改革时期的经济机会。而由于 20 世纪 90 年代以后的出生人数急剧减少，近年来进入劳动力和婚育年龄的人口规模已经开始相应缩减。这个趋势在未来十年内将加剧：20—24 岁年龄组的人口规模将会进一步缩减 20% 左右。这个年龄组人口的剧减不仅影响到劳动力供给，也会对消费市场产生巨大影响。

改革以来中国社会经济繁荣和社会开放，也造就了中国社会超低生育水平的肥沃社会土壤。从 20 世纪 90 年代初开始，中国的生育率水平一直低于保证人口规模在长时间内稳定的更替水平。近年来，生育水平更是远低于更替水平。大规模的人口迁移、快速的城市化、高等教育高速扩张，都对青年人的婚育态度和行为产生重大影响。两次对独生子女政策的先后调整，从单独生二孩到全面放开，遇到的都是低于政府部门和某些专家事先估计的"出生淡漠"。21 世纪初开始，中国人口平均初婚年龄显著提高，晚婚晚育比例也在迅速上升。长期以来的低生育水平和晚婚、晚育、少育、不育的趋势都意味着中国社会人口老化的趋势将会持续下去。

经济改革开始之后在计划经济思维支配下的更严格的计划生育政策，加剧了中国社会所面临的另一个历史性挑战：漫及全球的人口老化。由于独生子女政策，上亿的中国家庭仅有一个孩子。中国社会所面临的将不仅是人口年龄结构的老化，而且是有中国社会特色的人口老化，即家庭结构被扭曲的老化，一代独生子女为照顾年老父母的苦恼和千千万万父母孤独晚年的老化。有中国特色的人口老龄化，也将为中国社会需要继续的各项改革——从就业、医疗、养老、技术创新到有效利用资本市场和社会服务施加压力。

40 年的经济改革带来了中国社会历史性的经济增长和物质繁荣，同时也使改革前聚集的人口压力成为了动力。中国社会在 21 世纪是否能成功地应对长期人口老化和人口规模缩减的挑战，也将取决于进一步的社会经济改革。

成为服务型政府 的难题

张　斌

中国社会科学院世界经济与政治研究所研究员

改革开放 40 年，中国家庭的衣食住行极大改善。20 世纪 80 年代温饱问题大大缓解，90 年代各种家用电器进入寻常家庭，进入 21 世纪以后住房和出行大幅改善。仅从大众商品消费而言，中国今天的城市居民与高收入经济体的城市居民生活差距大幅收窄。

生活水平改善来自生产能力提高，生产能力提高背后是一连串的制度和政策变革。变革的主要内容是政府放权和对政府职能的重新定位，这带来了企业和居民生产积极性的极大提高，资源配置效率显著改善，以及相对稳定的宏观经济环境。中国从封闭计划经济逐渐转向开放市场经济。

引发变革的根本力量是观念的变化。20 世纪 70 年代末，一边是政府全面管控经济时代的深刻教训，另一边是东亚四小龙、四小虎的成功经验，促使中国的官员和学者不得不改变观念。中国主流社会开始相信开放和市场经济能带来更富裕的生活和更强大的国力，对开放和市场经济的践行不断地证实了这个信念带来的巨大变化。

很多学者认为中国所想和所做的不仅是开放和向市场放权。开放不必然带来贸易双方的福利改善，发育良好、功能健全的市场也不是政府放权以后就会从天上掉下来。中国政府扮演的角色更加丰富，不仅是改革开放理念的倡导者，也是很多经济活动的引领者和实践者。政府对工业部门发展的普惠性政策、大规模基础设施建设至少在特定时期对于培育市场和打破增长瓶颈起到了重大推动作用。还有一些学者认为中国针对特定产业的支持政策也发挥了重要作用，这方面学术界很难达成共识，实践上依靠政府力量支持的特定行业发展不尽如人意。

40 年的经济发展成绩有目共睹，不足之处众说纷纭。众说纷纭是因为经济增长会带来新的问题和烦恼，有些烦恼会随着增长自行消失，有些烦恼则越来越成为发展的瓶颈。改革还有欠账，新的挑战也迫在眉睫。

一种普遍的担心是中国的产业不够强，与世界一流有很大差距。这是事实，也是增长的烦恼。更有意义的不是水平的对比，是增长和变化的对比。中国的产业升级进步状况一直还好，从投入环节看中国的研发投入在 GDP 中的占比超过了 OECD（经济合作与发展组织）富国俱乐部的平均水平，专利保持很高的增速；从生产环节看制造业的专业化和分工更加细密，残酷的优胜劣汰竞争留下了效率更高的企业；从产品环节看，国产品牌从小商品到家电，再到手机、汽车，市场占有率节节上升。

支撑中国产业升级的是开放竞争的市场环境，这个环境逼迫企业付出最大的努力，也给予了企业优厚的回报。今天的中国经济还享有独特的规模经济优势，依托于广大的国内市场，中国企业有了更多试错和创新的机会，有了更多分工和提升效率的机会，这些机会给中国企业带来了国际竞争中的独特优势。

近年来越来越多人担心金融风险，尤其是企业和政府部门的债务杠杆率过快增长。2017 年随着物价水平上升，名义 GDP 大幅上升，债务杠杆率上升势头显著缓解。未来如果不发生严重通缩，债务杠杆率有望稳住。在没有明显外债压力的情况下，政府凭借自身的信用有足够能力应对国内的问题债务，除了政府能动用的资源相当可观，平均算下来仅是每年来自（不引发通胀的）基础货币发行和外汇储备投资收益就有 2 万多亿元，现在还不到用这笔钱的时候。

债务问题中，最突出的是一些地方政府和僵尸企业的收入不足以偿还债务利息，靠着借新钱还旧账过日子。这些难以偿还的债务背后是加速重组的产业格局和城市分布格局，被淘汰企业多和人口净流出的地方难以避免债务问题，债务问题还会越拖越严重。如何妥善对待市场竞争中败下阵来的企业和城市、如何创造新的就业机会是政府面临的真挑战。

比较中国与高收入国家类似发展阶段的经历，中国最突出的差距在三个方面：第一产业就业占比偏高，高出高收入国家类似发展阶段 10 个百分点，第二、三产业就业占比则偏低；城市化率偏低，其他高收入国家工业化高峰期的城市化率达到 70% 以上，中国 2012 年前后就过了工业化高峰期，至今城市化率也不到 60%；服务尤其是公共服务在 GDP 中占比偏低。

这些差距是中国当前经济发展进程中的真正短板。高收入国家的发展历程告诉我们，绝大多数农民未来生活的出路只能在城市，而在户籍制度限制、城市公共管理和公共服务不到位等众多约束条件下，城市还不能让他们放心安家。

城市公共管理和公共服务不到位，不仅想要进城的农民得不到服务，现有的市民也被深深困扰。

公共管理和公共服务不到位，不仅是 40 年改革开放的最大欠账，也是未来美好生活的最大挑战。政府在医疗和教育方面的开支在增加，也在想办法解决城市病问题，但收效不算理想。政策不对头不仅在于部门利益，更大的问题是观念跟不上时代变化。观念不改，政策也难改，即便好的政策出来在执行中也会变形。

政治学里面讲到两种价值观，一种是在低收入阶段，大众更接受物质文明价值观，它强调经济增长、物价稳定、维持秩序、强大国防等；随着收入水平的提高，尤其是在进入中高等收入水平后，大众的价值观会从物质文明价值观逐渐转向后物质主义价值观，它强调公众对政府更大的话语权、更多的工作话语权、更人性化的社会、美丽城市和乡村等。

后物质主义价值观对于解决中国当前最突出的服务业短板至关重要。后物质主义价值观强调的内容中，公众对政府更大的话语权意味着对政府时时刻刻的问责机制，这些问责机制不仅告诉政府哪些地方更需要公共服务，也激励政府提供更好的公共服务。不仅如此，后物质价值观的盛行也会让人与社会之间的关系更加和谐，社会信任程度提高，这会减少对于政府的管制需求，减少不必要的管制政策，给市场留下更广阔的服务业发展空间。

随着新生代不断成长，后物质价值观会更加流行。政府需要与时俱进，看重后物质价值观的各种诉求，接受更广泛的问责和监督。做不到这一点，政府提高公共管理和公共服务就缺少了根基。高高在上，引领社会发展甚至身先士卒搞建设的政府终将逐渐退出历史舞台。取而代之的是放低姿态、在各种监督之下小心谨慎做好公共管理和公共服务的政府，这是潮流也是归宿。

喜忧参半的医疗改革

朱恒鹏

中国社会科学院公共政策研究中心主任

改革开放近 40 年来，医疗服务体系最为突出的成就是医疗资源尤其是硬件资源快速增长。医疗保障制度发展则取得了更大成就，实现了全民医保，初步建立了适应市场经济体制的医疗保障制度。医疗供需两方面成就的取得，核心原因是政府财政投入力度的加大，尤其是 2003 年以后。当然，这得益于改革开放带来的经济高速发展。

城乡居民医疗负担的起起落落

归根结底，医疗服务体系和医疗保障制度均是为国民服务的，因此国民获得的医疗服务水平及其医疗负担水平，是衡量一国医疗服务和医疗保障绩效的基本指标。图 1 反映 1978—2016

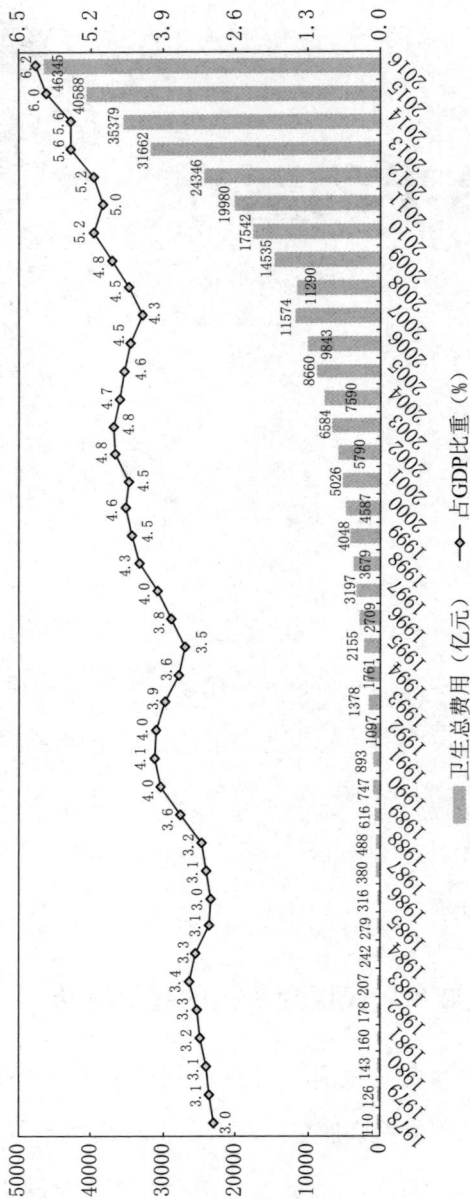

图 1　中国卫生总费用及其占 GDP 的比重（单位：亿元，%）

卫生总费用（亿元）　　占GDP比重（%）

年各年度的卫生总费用及其占国内生产总值（GDP）的比重。

1992—2003 年政府卫生支出、社会卫生支出和公共卫生支出的增长指数低于财政总支出的增长指数，但此期间政府卫生支出增速并未放缓，政府并未有意降低医疗卫生事业的财政投入。2003—2016 年情况发生变化，政府卫生支出增长指数明显超过财政总支出增长指数，也超过公共财政教育经费增速。这表明2003 年以后，政府更加重视医疗卫生投入。最终的结果是公共卫生支出占卫生总费用的比重由 2003 年的 42.0% 上升到 2016年的 67.4%。

不过，2003—2016 年高速增长的公共卫生投入并未能有效降低城乡居民（包括城镇职工）的医疗负担，无论是自负医疗费用绝对额，还是占家庭可支配收入和消费支出比重，都在加重。

和其他指标相比，家计调查中的家庭医疗保健支出，是关于居民家庭医疗负担的最准确反映。图 2 中数据是根据国家统计

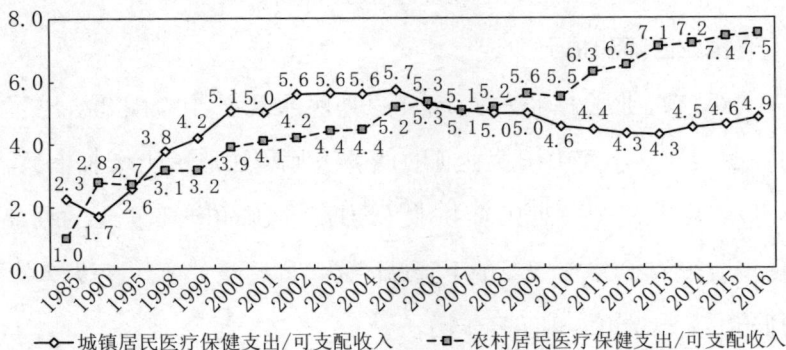

图 2　1985—2016 年城乡居民自费医疗费用占可支配收入比重

局的入户家计调查数据计算得来。图中数据显示，2000—2016年，不管是占可支配收入比重，还是占总消费支出比重，农村居民医疗负担一直呈上升趋势，由1985年占可支配收入的1%逐年上升到2016年的7.5%。城镇居民的自费医疗保健负担，1990—2005年间呈稳定上升趋势，占可支配收入的比重由1.7%上升到5.7%；从2006年开始下降，由2005年的5.7%下降到2013年略低于4.3%。

但是，从2013年开始，形势开始逆转，城镇居民（含城镇职工）的自负医疗保健负担又重新开始上升，占消费支出的比重，从2013年略低于6.1%上升到2016年的7.1%以上，恢复到2009年的水平，这意味着此阶段医疗费用增速超过了可支配收入增速。

医疗资源发展的喜与忧

医疗服务行业主要的资源是医务人员和床位。

执业医师和护士

医疗行业最核心的医疗资源是医生和护士，图3给出了1980—2016年间中国执业（助理）医师和注册护士增长指数。可以看出，1980—2016年执业（助理）医师和注册护士的数量稳步增长（2002年数量的下降原因是口径调整），使得每万人医师和护士数量也实现了稳步增长。

在中国的医疗服务体系中，一个弱项是护士数量偏少，我们

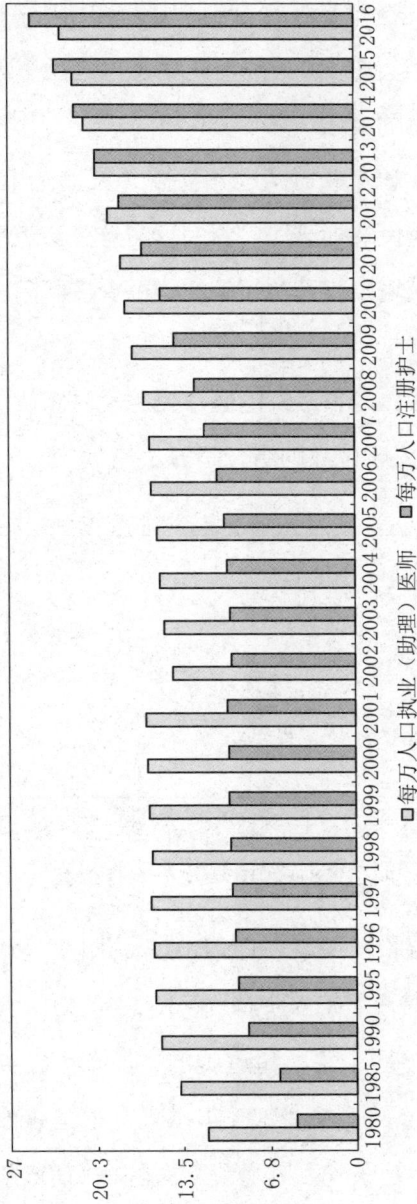

图 3 1980—2016 年医师、护士和药剂师密度

可以看护士医生比这个指标，直到 2013 年中国这一指标才接近 1∶1，绝大多数发达国家护士数量明显超过医生，有些国家护士数量甚至超过医生的 4 倍。

需要指出，中国严重缺乏全科医生（家庭医生），致使城乡居民尤其是城镇居民蜂拥至医院看门诊，这是最近十多年来"看病难、看病贵"困境始终无法缓解的一个直接原因。

床位

改革开放以来，增长最快的医疗资源就是床位。图 4 给出了 1978—2016 年千人床位数的增长趋势。

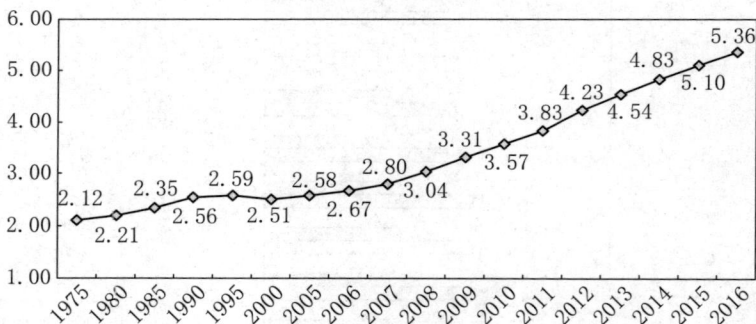

图 4　1978—2016 年度千人床位数

国际比较可以将这一增长展现得更为清晰。2005 年时中国千人床位数几乎低于 OECD 所有成员国，到 2014 年我们已经超过 OECD 国家的平均水平，超过美国、加拿大、英国和瑞士等国。过去近 40 年，尤其是 2005 年以来，中国床位数量快速增长。当然，这背后是医院尤其是公立医院在 2005 年以后基建投

资的高速增长，因为床位数是和医院建筑面积呈现等比例关系
的。因此，尽管床位数是很简单的一个数据，体现的却是医院整
体的固定资产规模。2003 年后兴起的医院扩张潮流，具有两个
明显特征。第一个是公立医院高速扩张，尤其是三级医院数量显
著增加，同时院均床位逐步增加。图 5 清楚地展示了这一点。

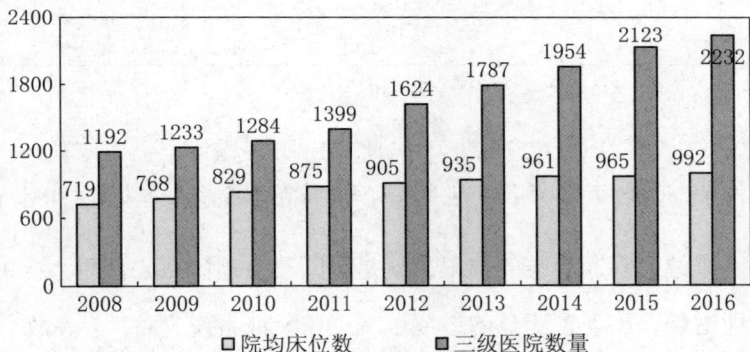

图 5　2008—2016 年三级医院数量、院均床位和住院人次变化趋势

　　第二个特征是各地区床位数均呈现高速增长趋势，尤其是欠
发达地区。尽管执业医师数量很难快速增加，但是通过增加财政
投入或者负债建设，医院建筑面积快速增长的同时床位数亦快速
增长。图 6 表明，除新疆和西藏之外的 29 个省市自治区，千人
床位数差距 2002 年以来逐步缩小，最高值和最低值之间的差距
由 2002 年的每千人差 3.7 张缩小到 2016 年差 2.3 张，省际千
人床位数变异系数更清楚地说明了这一点。因此，至少从床位数
上看，欠发达地区和发达地区的医疗资源硬件差距明显缩小。即
便是千人床位数最低的省份，该指标也超过很多发达国家。这说

明，通过增加硬件投入来缓解欠发达地区医疗资源不足这个说法
已不成立。

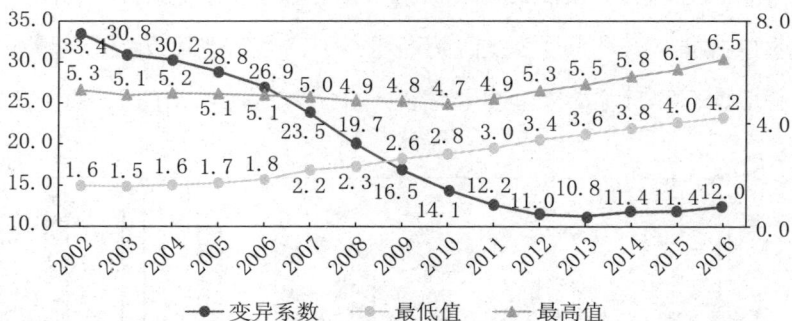

图 6　2002—2016 年各省市千人床位数最高值与最低值及变异指数

床位数高速增长的结果，就是全国及各地区百人住院人次的
高速增长，出现了明显的过度住院现象。或者说，各地区的医院
均出现了增加病床然后诱导更多患者住院的现象，导致住院费用
的高速增长。这一现象不仅仅发生在发达地区，欠发达地区同样
如此。

简言之，大量财政补贴投入公立医院和城乡居民医保的结果
不但未能实现降低城乡居民医疗负担的政策意图，反而如图 2 所
展示的，导致城乡居民医疗负担持续加重。

基本医疗保险制度有待完善

改革开放以来，尤其是 2007 年以来，医改领域最无争议的
巨大成就是建立了全民医疗保险制度，基本实现了全民医保，适

应了市场经济体制的要求。"十二五"期间推进的城乡居民医保整合和医保异地结算，初步使该制度向适应人口流动性常态化方向演进，为整合三大医保制度、提高统筹层次奠定了基础。

1978 年开始，依托于农村人民公社制度的农村合作医疗全面瓦解；依托于国有企业的劳保医疗制度也难以为继。经过 20 世纪 90 年代中期的"两江"试点，1997 年中央政府出台政策，逐步建立了"社会统筹 + 个人账户"的城镇企业职工基本医疗保险制度。

在统筹层次上，采取了以县市级统筹为主。根本原因是行政管理和财政上的"分级管理、分灶吃饭"制度，各地财政自负对医保基金的兜底责任。其次是因为地区间的经济发展水平差异过大，导致同一制度下地区间医疗保险筹资水平和保障待遇之间差距过大，提高统筹层次必然需要拉平地区之间差距，"统收统支"自然形成低效率的"大锅饭"体制而导致医保迅速崩溃，因此"碎片化"成为当时不得不作出的现实选择。

2003 年开始试点，2007 年全面铺开，建立了覆盖农村居民的新型农村合作医疗制度。筹资模式中，政府财政补贴占了大头，而且政府补贴额度越来越高，成为新农合的主要筹资来源。在医疗服务供给上，采取了到医疗机构就诊后报销的模式。因此，从运行性质上，"新农合"是社会保险形式。对于城镇非就业居民，包括老人、儿童以及其他非就业群体，从 2007 年开始试点，2011 年正式在全国建立了城镇居民基本医疗保险制度，筹资模式和运行机制与新农合类似。

绝大多数地区的机关事业单位人员在此期间逐步参加了城镇职工基本医疗保险，只有很小比例的机关事业单位尚保留了公费医疗。

这样，截至 2011 年中国实现基本医疗保险的制度全覆盖，所有人群都至少被一个医疗保险项目所覆盖；到 2013 年，基本实现人群的全覆盖，由于重复参保现象，基本医疗保险覆盖率甚至超过 100%。图 7 展示了 1997—2016 年间全民医保逐渐建立的过程。

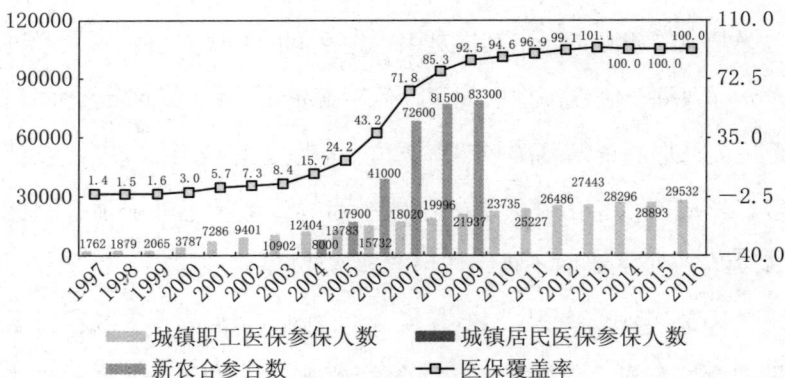

图 7　1997—2016 年社会医疗保险制度参保人数及覆盖率（万人，%）

现行基本医疗保险制度还存在一些需要进一步完善的地方。随着经济社会发展转型，这些问题逐步凸显，成为影响基本医疗保险公平性和可持续性的重大问题。首要问题是人口大规模流动常态化的事实。不仅城乡人口流动规模持续增加，而且城城流动人口也逐渐增加。此种情况下，制度分割和区域分割导致的基本医疗保险关系携带性缺失问题凸显。24 个省区市城职保抚养比低于全国平均水平。而农民工大量流入的地区抚养比却非常高。以福建为例，一方面是厦门城职保抚养比达到了 12.45，一方面是三明和南平两市抚养比降到了 2 以下，甚至部分县降到了 1 以下，区域分割不能再持续可见一斑，提高统筹层次已经成为必须开始做的工作。其次是新经济业态下，无雇主就业模式日趋增加，原来以雇主缴费为基础的职工医保和以个人缴费为基础的居民医保之间的冲突凸显。三是随着收入水平提高，城乡居民对高品质医疗需求显著增加，以及中国医疗资源事实上存在的严重地区间不均衡，加之异地居住和异地工作的增多，使得参保者异地就医规模不断扩大。这些方面的挑战要求基本医疗保险进行制度整合并提高统筹层次，目前逐渐推开的异地结算工作可以作为一个前导型工作。

被计算机改变的人生

沈向洋

微软全球执行副总裁

1980 年，改革开放的第三年，我在江苏老家参加了高考。

记得填报高考志愿前的一天，我父亲拿了一份《参考消息》走进家门，兴冲冲地对我说：你应该报计算机专业，报纸上说计算机这个东西不得了！

那年我只有 13 岁，像大多数人一样，我从没听说过计算机为何物，连计算器都没见过。当然更不会想到，在接下来的几十年里，计算机竟彻底改变了我的人生，也给整个世界带来了翻天覆地的改变。

与人工智能结下不解之缘

1991 年，我有幸考进了美国计算机专业排名第一的卡内基梅隆大学计算机学院，师从著名计算机专家拉吉·瑞迪（Raj Reddy）教授，研读人工智能和机器人专业。

卡内基梅隆大学有着当时全世界第一个机器人学的博士专业。多年来我一直很喜欢机器人这个方向，就是奔着机器人学专业去的，所以非常幸运。拉吉·瑞迪是国际上的语音专家，但是他非常支持我从事计算机视觉方面的研究，后来我的研究方向是机器人视觉。

以前我在卡内基梅隆大学接触到做科研的风格，是团队协作的风格。同学跟我讲，麻省理工学院和卡内基梅隆大学最大的区别是：麻省理工学院每个人都是一头虎，而卡内基梅隆大学出来的都是一群狼。我们很少单打独斗，都是一个团队一起做一个大项目，卡内基梅隆大学最出名的都是大项目。所以卡内基梅隆大学成功的地方是培养了很多大的 IT 公司 CTO 级别的人物，很多学生在工业界更加成功。

也是在这一年，比尔·盖茨先生在西雅图创立了微软研究院，当时他的愿望，是让计算机能听会讲，能看会想。因此微软研究院最早成立的三个研究组是计算机语音、计算机视觉和自然语言处理——正是这些基础性的研究，为今天的人工智能奠定了坚实的基础。

1996 年，我作为研究员加入微软研究院，从事计算机视觉研究。对我而言，加入微软研究院，确是一种幸运，让我有机会与世界顶尖的天才为伍。直到今天，我仍清楚地记得，刚到微软研究院的那个星期，发现自己离计算机图形学领域的传奇人物吉姆·布林 [Jim Blinn，美国计算机科学家，曾经在美国宇航局的喷气推进实验室（JPL）工作] 只隔着 4 个办公室，我难以抑制心中的兴奋，抓起电话，语无伦次地把这个发现骄傲地分享给我太太。

人工智能发展之路

人工智能事实上是相对于人类智能而言的。我对它的理解主要有两个方面：一个是"感知"，另外一个就是"认知"。

为什么人类有智能？第一，我们可以感受这个世界，主要是通过语音的方式和视觉的方式，所以对应的人工智能感知方面最主要的技术就是语音和视觉方面的技术。第二，我们还有认知，认知就是人类不仅仅能感受到这个世界，而且还能理解这个世界。而理解这个世界就包括理解真正的物理世界，以及理解你身边的人，甚至是最重要的——理解自己。所以，在认知方面，有两类技术就格外重要了，一个是语言、自然语言，另外一个就是知识。这是这么多年来，我对人工智能的理解和定义。

我加入微软研究院的时候，正值人工智能的"寒冬期"——现实世界中的基础性研究枯燥乏味、进展缓慢，与之前人们所想象的"未来科技"相去甚远，行业内悲观失望的情绪，让当时的很多投资人和研究机构都对人工智能研究避之唯恐不及。

今非昔比，如今的人工智能已经成了行业内外最热门的话题。

为什么发展如此迅猛呢？主要是三个方面：大数据、大计算、精准算法。在丰富的大数据资源，强大的云计算平台，以及先进的机器学习算法的支持下，人工智能开启了蓬勃发展的黄金时代。

以云计算、大数据、物联网、人工智能为代表的第四次工业革命正在到来，这一轮以技术创新为代表的数字化转型，正在给全球的企业带来巨大的挑战和机遇，也给企业业务、商业应用、产品和服务等方面带来巨大的冲击。目前人工智能的主要方法论仍是基于大数据、大计算模式。拥有大量数据积累和分析需求的行业更适合通过人工智能技术实现转型。

以医疗行业为例，在癌症早期筛查领域，存在大量读取医疗影像并作出判断的需求。若是传统人工读片，效率较低，且正确率不高。加之医疗资源有限，很难做到每一个影像都能有效读取。而人工智能技术应用能够很好地提高读片效率，且通过计算和比对，有效提高正确率。这是一个典型的案例。

把握中国机遇

1997 年，微软公司在剑桥成立了研究院，之后决定把第二个海外科研机构放在北京。我觉得这是一个非常难得的机会，在中国进行这么一次研发"创业"，也是公司内部的创新。公司包括院里的一些老领导都鼓励我，要把握住这样一个机会。

1998 年我回到中国，开始参与中国微软研究院的建立。1999 年 1 月 15 日正式转到中国，成了第一个研究员，到现在差不多快 20 年了。我还记得，当时的第一份工作，是让我来选地毯的颜色。

以前念书的时候，我对国内的关注不是太多。不过我觉得，在传统的人工智能研发方面，中国一直有非常深厚的基础。中国在传统的模式识别这一个领域，包括手写体识别等方面，都做得相当不错，在国际上非常领先。我了解的很多国内高校的老师，较早开始做传统的模式识别研究。回国跟同行交流更多之后，我就开始关注这个领域的发展。

现在在中国，人工智能技术的蓬勃发展非常激动人心。这里有很多机会，在基础科研方面也已经取得很多了不起的成果。比如，在计算机视觉方面，已经有很多本土公司，很多科研院校、院所，做了大量工作，推进这一技术的发展。我相信，中国有更多的机会，也将让更多的应用场景落地。中国的确有很多的优势。

近几年，中国的经济、技术都在快速发展。中国不仅拥有庞大的消费市场，更已成为全球创新的重要力量。很多国内的 IT 企业以及初创公司都不同程度在人工智能领域有所作为。中国的优秀人才也不断涌出。

从市场发展来看，创业、投资的趋势正趋于理性发展和价值投资。但是相信由技术创新驱动的创新、创业、产业升级仍将保持强劲的发展势头。今后技术创新不再是噱头，而是要与现实的应用场景、行业应用相互结合，真正解决企业运营或者人们生活中遇到的问题，提高生产效率、改善生活品质。

从技术发展的趋势来看，混合现实、人工智能、量子计算，将是未来技术发展的三个主要方向。国家发布了"新一代人工智能发展规划"并且列出了首批四个重点人工智能平台的发展规划，近期来看，人工智能仍将是市场发展的一个热点。

人工智能仍需冷静

人工智能快速推进的同时，仍有些问题值得我们停下来想想。目前，人工智能发展主要面临以下几方面的限制：

第一，人工智能技术对大数据和大计算的依赖较大。这和人类智能有很大的差异，因为人们多数时候是用小样本的方式在学习，很容易举一反三。这个方法论是需要思辨的。

第二，绝大多数的人工智能算法都是黑箱算法，包含有大量参数，形成了一个复杂的网络。这样复杂的算法是可以推演的，还是只是函数的递进，这也是我们需要深思的问题，也是下一步人工智能发展要解决的后续的问题。

第三，人工智能领域不仅过于重视数据，而且重视的是数据的表象。很多时候，人工智能技术是在用复杂解释复杂，为了拟合数据结果，而做出一个更加复杂的模型。这是与科学认知有悖的。在自然科学领域，人们应当是通过复杂的现象抽象出一个简单的本质。因此从这个角度而言，人工智能技术还有待探索和发展。

第四，人工智能技术现在遇到一个很大的问题就是偏见。例如用网络搜索引擎搜索 CEO 会发现，出来的结果基本上没有女性，亚洲人面孔也很少。这些都是随着人工智能的发展出现的伦理问题。这不仅是科研的问题，也是整个行业的问题，整个行业和全社会都必须认识到这个问题的重要性，携手合作，探索解决之道。

如何让人工智能更加造福人类

作为一个从事人工智能研究将近 30 年的从业者，在为技术突破感到兴奋的同时，我也开始认真思索，人工智能技术之于整个人类的未来的影响，以及科学家在技术发展和应用中应当承担的角色与社会责任。

我们所需要的人工智能创造，应该符合三原则：

第一，人工智能创造的主体，不仅仅是具有 IQ，而是兼具 IQ 与 EQ 的综合体。人工智能时代的基础架构，最终将是一种 IQ 和 EQ 完美融合的状态。而在这个过程中，需要分别发展 IQ 和 EQ 两个维度。

第二，人工智能创造的产物，须能成为具有独立知识产权的作品，而不仅仅是某种技术中间状态的成果。

第三，人工智能创造的过程，须对应人类某种富有创造力的行为，而不是对人类劳动的简单替代（如工业机械臂那样的"人工智能制造"）。

　　人工智能本质上还是一门技术，是由人来开发和控制的。技术本身没有好坏之分。因此，我们需要客观看待这个问题。我们支持技术的发展和演进，同时也希望国际组织、各个国家、整个社会一起努力，对技术利用从道德和法律上加以引导，防止技术成为坏人作恶的工具。我们在工作中有一系列核心的原则：人工智能是用以增强人类能力的（AI must be designed to augment humans）、人工智能技术应该是透明的、人工智能应当在不伤害人类尊严的前提下最大限度地提高效率、为意外情况筹备智能隐私和问责机制、防范偏见。

　　（以上内容由澎湃新闻记者沈丹丽采访整理，经作者审定）

4

中国政府治理的变革与现代化 ／ 135

廉政建设的演变之路 ／ 152

政商关系的中国道路 ／ 162

政 治

中国政府治理的变革与现代化

周黎安

北京大学光华管理学院教授

引 言

　　新中国成立以来，中国政府治理传统的韧性和活力一直得以延续和发展，体现在新中国成立之初毛泽东对苏联模式的深刻反思与系统改造，70年代初地方分权与地方工业的兴起，改革开放以来的地方分权、财政包干制与地方竞争，以及各种政府间责任状和目标责任制的盛行。随着中国经济的市场化、现代化、全球化以及互联网技术的迅猛发展，中国传统政府治理的模式也呈现出各种各样的问题，面临了前所未有的挑战。中共十八届三中全会提出了推进中国国家治理体系和治理能力的现代化目标。在国家治理转型的重要节点上，我们需要系统反思中国政府治理的传统性特征、内在逻辑以及过去 40 年的演进路径，预判未来可能的变革方向与挑战。

中国的央地关系与西方国家的联邦制或单一制最大的区别是，中国的央地关系是一个权威组织内部的上下级权力关系，而后者是一种契约上的平等关系，地方自治是基本原则。这个组织结构的差异决定了中国与西方国家在央地关系和国家治理方面所呈现的一系列系统的差异。以这个判断作为出发点，我将从纵向的央地关系和横向的地方竞争两个视角解析中国政府治理的传统特征、组织逻辑以及演化进程，梳理改革开放以来传统政府治理模式经历的传承与改造，同时分析近 20 年中国政府治理所发生的一系列变革、挑战和应对。

从中央到地方的纵向关系看，中国长期以来呈现"行政发包制"的特征。"行政发包制"刻画的是多层级政府之间的属地化管理模式。具体而言，中央把绝大多数行政和公共事务"包"给省一级政府，省一级又进一步把绝大部分事务"发包"向地级市，如此"层层转包"，直至县乡基层政府。地方政府作为承包方，管理的政府事务面面俱到，无所不包，同时还拥有整个辖区的综合治理权力。

而在中国政府治理的横向关系（同级地方政府之间）上，地方官员面临晋升竞争的政治锦标赛，或者说官场竞争，这体现了中央人事权的高度集中和地方政府（地方官员）之间的竞争关系。也就是说，同一行政级别的属地承包人之间还处于晋升竞争之中，因此与一个多层级的行政发包相对应的是一个多层级同时进行的官场竞争。对于一个具体的属地承包人，不仅要完成上级发包的任务，为了晋升，还必须比他的竞争对手完成得更为出色。晋升竞争的优胜者有可能成为上一级的发包人。中央政府通过层层发包政府事务赋予每一级地方官员相当的决策空间，而集中的绩效考核与人事任免所引发的政治锦标赛，又赋予每一个属地承包方强大的晋升激励和争胜冲动，纵向行政发包与横向的政治锦标赛相互结合、相互作用塑造了中国政府治理的基本特征。

过去 40 年央地关系和政府治理的演变

1978 年开启了中国改革开放的新时代。在行政发包制方面，我们先是看到了 20 世纪 80—90 年代传统治理模式在改革开放时代强势回归，大放异彩，进入 21 世纪之后逐渐转向自身的系统改革与转型，目前这一过程仍在进行之中。改革开放时代政府治理最大的变化还是围绕着地区经济发展的政治锦标赛被置于极为关键性的治理地位。地方官员围绕着地区经济发展而相互竞争，官场竞争驱动地区间企业的市场竞争，而辖区企业在市场上竞争的绩效又影响了地方官员在官场竞争的命运，正是这种"官场 + 市场"的双层市场驱动模式为中国经济的高速增长奠定了极为重要的制度基础。

1. 政府间行政发包关系的强化与发展

1979 年开始，中央实施"简政放权"，即把一些属于中央部委的行政管理权和经济管理权限下放给地方政府，一直相伴随的是许多原来中央直属的企业交给地方政府所有和管理。这一波放权被学术界称为"行政性放权"，自此以后地方政府逐渐获得越来越多的自主决策的权力，如投资决策、吸引外资、企业管理、对外贸易等等。地方分权改革的一个突出特征是渐进性和局部突破。要让中央部委一次性大规模分权阻力很大，中央的策略就是先向一部分地区倾斜。于是深圳、厦门、珠海和汕头被开辟为经济特区，自 1984 年开始建立的计划单列市、14 个沿海开放城市，以及随后建立的上海浦东新区、天津滨海新区等，都代表了中央条条部门的权力逐步向地方下放和转移的趋势。这些权力的下放进一步加强了新中国成立后条块管理中"块块"的权重，使地方政府从计划经济体制下的一个被动的执行者变成积极的管理者，大大调动了地方政府参与改革和发展的积极性。

计划经济留下的一个重要制度遗产就是各级政府习惯于用指标和数字进行管理，而现代国民经济核算及统计方法、技术的完善进一步强化了这一特点。改革开放以来，计划指标逐渐失去指令性质，而变成指导性，但仍然是指导经济社会工作的重要抓手。一般程序是，中央提出重大经济社会发展目标，各级地方政府积极响应，层层分解和落实中央目标。

行政发包制借助现代技术和管理方法而更加有效地进行任务发包与责任考核。这方面最突出的例子就是 20 世纪 80 年代中期以来盛行的各种形式的政府"责任状"和目标责任制，"责任状"涵盖经济发展、计划生育、环境治理、扶贫救济、疾病预防等政府职责的各个方面,每个方面的责任最终表现为量化的任务指标,成为上级政府考核下级工作表现的重要依据。尤其在经济发展和招商引资上,省以下地方政府之间均采取签订政府责任状的形式,下级政府或部门领导对量化指标承担行政责任。有些指标如计划生育、安全生产对于行政责任人的评奖和晋升具有"一票否决"的效力。

为推动政府工作,领导责任包干制较为普遍。比如在环境污染治理方面,2008年无锡为治理太湖污染首次推出"河长制",治理污染的责任落实到人。河长制在云南昆明治理滇池、武汉治理东湖的污染上得以应用,逐渐在全国推广。最近中央政府倡导的精准扶贫工作也是采取扶贫责任落实到人的方式,从省、市到县、乡镇层层推进。

行政发包制的"财政分成"特征在改革开放之后尤其突出。20世纪80年代初期开始至1993年中国财政体制进入了纯粹意义的财政包干体制:"交够中央的,剩下就是省里的"。1993年之后开始实行分税制,但中央和地方仍然是在维持过去的事权分配的基础上实现对不同税种收入的分享,行政事务的层层发包格局并未改变。

更关键的事实是,省以下还是各式各样的"财政包干制"。预算外资金长期以来在地方政府的财政收入中占据重要比例,尤其是土地出让收入,长期扮演着补偿地方政府预算内收入不足的角色。在一些发达地区，作为土地出让收入甚至比预算内财政收入还高。地方政府自筹资金的压力巨大。更关键的是，对于上级指定的任务目标，地方政府通常需要全力调动自身的财政资源去完成，经常的情况是"中央请客，地方买单"，或者"上级点菜，下级买单"，地方政府除了正常工作议程之外还面对一个高度不确定的多任务环境。而为了完成上级下达的新增任务，地方政府筹集额外经费又是"八仙过海，各显神通"。发包人与承包人之间行政权力的不对称性要求承包方必须具备财政和预算的灵活性和弹性，这是长期以来中国政府间财政呈现二元性（预算内与预算外并存）的根本原因。近十年来投融资平台的兴起和发展以及地方债的积累是财政二元性的延伸，是地方政府以各种金融手段应对事权与财权不对等的结果。

地方政府的工作绩效要接受上级政府的验收考核，这种绩效考核更多是结果导向的，以结果论英雄。行政事务层层发包之后，上级对下级的监察能力其实相对有限，只能依靠例行检查、专项整治和结果考核进行内部控制。尤其在政府间目标责任制、承包责任制盛行的情况下，各种评比排名、末位淘汰大行其道。这些做法的核心特征是程序和规则作用相对弱化，结果决定一切。

以任务下达和指标分解为特征的行政事务层层发包，高度依赖于各级地方政府和相关部门单位自筹资金的财政分成和预算包干，以结果导向为特征的考核和监管，这三个方面恰好构成改革开放大部分时期我国政府间关系和行政治理的基本特征。在这种体制下地方政府享有大量的自由裁量权或非正式的控制权。而与此同时，中国不断加速的市场化改革和融入全球竞争，地方政府成为区域经济发展、对外开放和体制改革的中坚力量。

2. 以经济增长为中心的政治锦标赛："官场 + 市场"模式

随着党的工作重心转向经济建设，各级党委对地方官员的绩效考核逐渐聚焦于在区域经济发展的相关指标，如 GDP 增长、财税收入与招商引资规模。这就是社会各界经常谈论的所谓"GDP 挂帅"、"以 GDP 论英雄"现象。干部考核制度对于经济发展绩效的倚重直接引发地方官员围绕着区域经济发展的晋升竞争，即基于经济增长的"政治锦标赛"。考虑到中国是一个多层级政府结构，实际上政治锦标赛是在地方政府的各个层级（省市县乡）同时推进，而且不同政府层级之间还相互影响，相互推动，因此中国政府体系可以看作一个以经济发展为中心的多层级的政治锦标赛体制。

纵向的行政发包体制和横向的官员锦标赛竞争相互补充、相互作用。在改革开放时代，纵向行政发包和横向晋升竞争之间的互补关系被最大限度地激发和放大，成为中国经济高速增长和制度转型平稳推进的关键性制度基础。改革开放以来的地方分权改革使得各级地方政府掌握了关键性的行政和经济资源（如土地批租、财政补贴、融资、行政审批、基础设施），成为区域经济社会的中心和枢纽，同时又是辖区内游戏规则（如政策制定和执行）的制定者。行政发包制也使得地方官员手中的权力具有极大的自由裁量空间，从企业和老百姓的角度看，既可以成事，也可以不作为甚至坏事。而地方官员之间政治锦标赛驱使地方官员将手中掌握的关键性资源和自由裁量空间转化为地区经济发展的条件和动力（如动员辖区一切可以利用的资源和规则为辖区企业创造良好的基础设施和营商环境），将地方官员从潜在的"掠夺之手"转变为"帮助之手"，从而解决了中国区域经济发展的最大挑战。

以经济发展为基础的横向晋升锦标赛，不仅与强化的行政发包制相互作用，它还衍生出一种独具风格的政府和市场互动的模式，我称之为"官场＋市场"模式。"官场"指的是"官场竞争"，即地方官员在政治晋升上相互竞争，"市场"指的是企业在经济市场上竞争。一方面，官场竞争的规则、方式以及激烈程度直接决定地方官员的晋升激励，进而影响地方官员推动辖区经济发展的努力，包括制定产业政策、投入基础设施、提高行政服务效率、提供土地和贷款支持，最后影响到辖区企业参与市场竞争的绩效；另一方面，辖区内所有企业通过市场竞争实现的绩效加总起来所形成的地区经济绩效（如 GDP 和财税增长）又会影响到官员在官场竞争的命运。官场竞争可能进一步加剧不同辖区企业间的市场竞争程度，比如政府的土地和资金支持使企业在市场上采取更加激进的竞争策略，而市场竞争反过来不仅影响官场竞争的结果，其经济生态还决定官员参与官场竞争的方式和策略，比如是扶持国企还是培育民企发展。这两种不同性质的竞争过程相互结合，相互作用，极大地推动了中国经济的高速发展。当然，各地区官场竞争和市场竞争的差异性也决定了不同地区政企合作和经济发展的多样化路径。

在这个模式中，地方政府必须面对市场竞争（包括参与全球竞争），其采取任何经济战略与政策必须接受市场逻辑的最终检验。在这个过程中，一个地方政府只能是全国和全球市场规则的接受者而无法操纵市场。官场竞争、市场竞争加上物质资本和人力资本跨地区的流动性使得地方官员必须善待企业和人才，在根本上限制了政府权力的任性、专断及过度干预行为。辖区企业和产业参与市场竞争的结果以反馈的形式又引导辖区内的官员与企业家携手合作，优势互补，寻找有竞争力的特色产业。"官场＋市场"塑造了地区经济发展战略、产业政策与增长路径的多样性及地区间的学习效应。

在经济转型与发展的过程中，我们既需要市场企业家不断创新发展，也需要敢于引领制度、政策和发展战略创新的政治企业家精神。从僵化的计划经济体制向市场化方向改革，不仅需要具备突破传统体制的勇气和探索改革的智慧，经常还需要面对既得利益的阻力和承担政治风险。而推动区域经济发展对于地方官员来说更是一项复杂而具有挑战性的战略任务。一个地区的经济发展不仅需要地方政府的"亲商"态度与政策，更重要的是，如何利用其资源禀赋和制度条件发展优势产业，吸引人才和投资，克服市场失灵，进行制度和机制创新，提供良好的基础设施与政策环境，最终在地区经济竞争中胜出，这需要地方官员的战略和创新思维。总之这些方面都呼唤地方官员的政治企业家精神，在艰难性、挑战性和创造性方面丝毫不逊色于市场企业家精神。"官场＋市场"模式恰好催生了政治和市场两种企业家精神的同时涌现和密切结合。

官员激励和政府治理是各国的难题，在发展中国家，腐败和低效的政府日益成为经济发展的主要杀手。中国地方官员的晋升锦标赛通过在政府部门引入竞争机制，同时又结合地区间和企业间的市场竞争，创造性地给出了中国特色的解决方案。"官场＋市场"的双层竞争机制为中国经济高速增长提供了原动力。

然而，"官场＋市场"并非完美的增长机制，它有其擅长之处，也有短板和不足。官场竞争与市场竞争虽然都是一种竞争机制，但毕竟是性质不同的竞争方式。官场竞争因为晋升职位有限，只提拔少数的胜者，这使得官员之间的竞争更接近零和博弈（市场上企业竞争更接近正和博弈），导致其竞争动机强烈而合作动机不足。这种冲突最早期的形态是地方市场保护主义和地区封锁，到后来演变成跨行政区划企业并购和重组的困难，到区域合作（如经济一体化、污染治理的跨地区协作）进展缓慢，到市场监管和司法的地方保护主义，都与政治锦标赛的零和博弈的性质有关。

另外，地方官员在一方任职有任期和年龄的限制（企业竞争则不受这两者的限制），官员的短期化行为难以避免，加之官员主要关注被上级考核的"硬指标"（如 GDP、财税和招商引资的增长），而忽略那些关系民生但在考核体系不受重视的"软指标"（如教育、医疗、环境治理等公共服务）。在我国，环保、教育、医疗、质检等都是辖区属地化服务，没有跨地区竞争，因此从我们的视角看，这些领域恰好是"官场竞争"和"市场竞争"的双重竞争机制失灵的领域，因而社会积怨甚多。过去 40 年中国经济增长模式所面临的大多数问题，比如经济增长的粗放性、环境污染、教育医疗与社会保障投入不足、地方债务等问题，也可以在"官场＋市场"的视角下加以解释。

政府治理的变革、转型与未来展望

20 世纪 90 年代中期以来，随着市场经济的迅速发展，传统的属地化的行政发包体制正面临着严峻的挑战。当中国沿着市场化的方向改革传统计划经济，沿着经济开放的方向拥抱自由贸易和全球化，中国传统的政府治理就处于前所未有的深刻转型之中。

传统的单位制逐渐瓦解和消失，属地化联系逐渐解除和削弱，人员和资本的跨地区流动性日益增强。建立一个全国性、一体化的市场经济需要打破各类形式的地方保护主义与地区歧视，建立一整套超越属地局限的基础设施和制度环境，比如贯通全国的发达的交通通信基础设施，覆盖全国且跨地区可携带的医疗和社会保障服务、最低收入保证及失业救济金制度，涵盖环境保护、质检、卫生、安全生产等诸多领域的全国统一的市场监管标准和行政执法体系，能够抑制"地方保护主义"的司法制度体系等等。而建立这些庞大的基础设施与保障监管体系，一是需要提高国家财政汲取能力，二是需要大规模改革传统的以属地关联为基础的传统政府治理体制。

20世纪90年代中期之后，纵向行政发包制和横向竞争锦标赛的传统模式都面临着系统性的转型。其中的首要转型就是垂直化管理的浪潮。从银行开始，到海关、国税、工商、土地、纪检、司法，各部门都在由原来以"块块为主"的属地管理，慢慢转向中央或省内垂直管理。这些年流行起来的各式各样的项目制，也是垂直化管理的体现：上级部门以项目形式提供专项转移支付，这些都在加强中央部委或上级部门的力量，削弱地方政府的自由裁量权。

20世纪90年代以来，国家财政预算体制经历了非常大的变革，比如实行国库集中支付，收支两条线，也就是说，政府部门从原来的收支挂钩，改成收支脱钩，目的是减少其中的腐败或者其他的问题；此外，财政预算体制改革还包括实行全口径预算、取消预算外收入和小金库等等，这些都是对原来财政包干制的改革。现在新一轮的财税体制改革又提出要重新划分中央和地方的事权和支出责任，适当增加中央政府的事权，省直管县和乡财县管的改革，这些也都是财政和预算体制改革当中非常重要的环节。

另外，政府转型中还体现在锦标赛竞争方面，中央强调淡化GDP 的考核，过去以经济增长为中心的政治锦标赛经历一系列的调整。我们不再简单以 GDP 论英雄，而需要加大对环境治理、改善民生和技术创新、产业升级的考核力度。与此同时，对政府权力运用的各种制度约束在增强，强调依法行政、依法治国，让权力在阳关下运行，强调程序和过程的重要性。即使结果证明是好的，只要政府决策和行为触犯了法律或法规，也要对政府当事人进行问责。

中国下一步政府治理的现代化主要面临三个挑战：

第一，如何重新界定政府与市场、社会的边界，在发挥市场决定作用的同时也发挥"有为政府"的作用。目前中国政府仍然是一个强政府，大包大揽，经常扮演"一只闲不住的手"；市场与社会的任何一方面的发展高度依赖于政府，也受到政府的严厉管制。如何进一步简政放权，大力推进行政审批制度的改革，降低非国有企业进入市场的门槛，让市场发挥资源配置的决定性作用，这是改革的"深水区"，来自行政部门的阻力很大，但又是必须跨越的一道门槛。与此同时，经济发展仍然是中国在相当长的一段时间内面临的中心问题和第一要务。地方竞争，尤其是地方政府的竞争在未来还将是一个重要的激励机制，如何在新时代的背景下完善政治锦标赛体制、发挥其独特作用是一个值得探索的问题。

第二，如何创新界定中央与地方的权力和责任边界，维持中央集权与地方分权的平衡。迄今为止，中国改革最重要的成功经验就是地方分权与地方竞争推动了地区创新与发展，进而推动了经济改革与高速增长，这个成功模式在现在仍然有借鉴意义。应对传统属地发包出现的地方治理问题一律采取垂直化改革的思路并非万全之策。这些权力的上收一方面削弱了地方政府的职权，限制了地方政府因地制宜和创新发展的空间，另一方面也有可能增加政府部门的官僚主义和低效率，由此垂直化改革是有很大代价的。历史上央地关系反复出现的"放权—收权"循环说明仅仅依靠央地政府权力的收放不能解决问题。事实上，导致这一问题的根源是自上而下的决策与监督机制，使得中央政府面临严重的信息不对称。如果引入有效的自下而上的监督和评价机制，加上法治的力量，这些市场与社会的监管权力不上收也可以避免地方政府的道德风险。

第三，面对各式各样的政府治理的挑战，我们如何去实现官员激励和约束的平衡。我们说，传统上中国政府治理是一个鼓励"放手做事"的体制，在锦标赛竞争和市场竞争的双重压力之下，地方官员大胆冒险与创新。只要结果被证明是成功的，即使创新实践有可能违背了当时的规定和法律，地方官员的创新也可能得到首肯和奖励。随着政府治理规范化和制度化，地方政府的决策和行动空间显然在不断缩小。我们更强调"束手做事"，要依法依规，在有限的空间甚至是不断被压缩的空间里，地方官员要完成领域广泛的发包任务。而随着淡化 GDP 考核，做错事可能被事后追责，锦标赛竞争的激励可能又在减弱。

简言之，传统政府治理更倾向于强激励、弱约束、结果导向，而现代化治理更强调弱激励、强约束、结果与程序并重。如果政府是一个有限政府、小政府，弱激励、强约束带来的问题还不严重，因为此时最主要的是依法合规，不造成权力滥用。但是，中国在相当长的时间里强政府仍将存在，更重要的是，在地区经济发展过程中，地方政府尚有许多有为空间，弱激励和强约束防止了权力滥用，但也有可能带来政府不作为、庸政懒政的问题。

给定上述政府治理的挑战，下一步的改革应该围绕以下几个方面展开：

第一，进一步改革地方官员竞争的锦标赛制度，完善指标考核体系，让创新、绿色、环保进入官员晋升的指标体系，在经济发展之外发挥重要的指挥棒的作用，继续让锦标赛竞争、地方竞争成为制约、激励地方主要官员的重要机制。根据各地的经济发展和自然条件，不同地区可以尝试有区别的绩效考核体系。与此同时，加强对地方官员决策和行为的长期影响的考核，如地方政府债务状况和生态环境长期影响的考核，注重地方经济发展的连续性和可持续性。

第二，在"自上而下"的考核之外引入"自下而上"的考核，在公共服务方面引入跨政府部门和地区间的竞争机制。比如利用体制内已有的监督和评价机制,如人大和政协对官员绩效的评价,这个评价应该对官员的晋升和任免发挥一定作用。另外也可利用现代移动互联技术,让百姓和企业及时评价政府部门的服务态度和效率。如同滴滴出行的司机必须接受乘客的点评,司机的口碑和顾客评价决定其抢单的能力。政府公务员以及相关职能部门也必须接受"客户""受众"的点评,最终的评价结果应该公示,在跨部门间进行排名评比。评价结果的公示和排名可以变成"倒逼"公务员和相关政府部门改善服务态度、提高服务效率的强大力量。百姓的评价应该侧重在与民生息息相关的公共议题上,如教育、医疗、民政服务等,而企业的评价可以侧重在营商环境、行政服务效率及公务员廉洁自律等方面,可以考虑建立跨地区的营商环境排行榜。

第三,寻求中央集权与地方分权的平衡。引入多重的制衡和监督地方政府的方式之后,中央政府下放权力面临的信息和监督约束被大大放松,中央放权的两难困境在很大程度上可以避免。更多的权力可以下放给地方政府(如征税权和借债权),同时对地方政府干预全国性公共产品的供给的行为加以制约和限制(比如维护全国统一市场,消除地方保护主义和劳动力的地域歧视),中国传统的治理模式才有可能发生根本的改变。中央和地方的事权要进行重新调整,中央政府要加大支出责任,加大转移支付的力度,逐渐完善地方政府的事权与财力的匹配。中国政府治理具有人类历史上最悠久的历史和传统,要告别中国传统的政府治理，走向符合现代化特征的政府治理，将是一个非常漫长和艰巨的过程。过去传统制度的惰性、惯性经常会导致传统制度回归的现象发生，因此政府治理的现代化必须采取渐进方式，依靠持续的努力才可能完成。

廉政建设的演变之路

朱江南

香港大学政治与公共行政学系副教授

1978 年中国改革开放欣然起步，随之而来的不仅有骄人的经济腾飞，也有恼人的贪污腐败。如今，我们站在改革开放 40 周年的节点回顾中国发展，自然绕不开廉政建设这一重要话题。

在此我想综合自己和其他学者多年来的反腐研究，从国际比较、时间趋势、地域、行业、案件类型以及案发规模等多个维度回顾中国腐败的动态演变。新的腐败局势亦需要新的反腐路径。因此在文章的后半段，我将回望中国的廉政建设道路，并提出一些对新时代反腐的建议。

纵观四海：腐败状况的国际比较

多年前国外一篇报道在谈到亚洲腐败问题时说到，"在中国腐败在桌子下面，在印度腐败在桌面上，而在印度尼西亚连桌子都是腐败的。"此话一方面说明腐败是亚洲国家普遍存在的问题，另一方面则说明一个国家的腐败程度需要在比较中才能看得更清楚。

　　谈到国际比较，最广为人知的两个指标就是透明国际（Transparency International）的腐败感指数（Corruption Perceptions Index）以及世界银行的腐败控制百分比排名（Control of Corruption Percentile Ranking）。图 1 显示中国在 1995 到 2016 年间在两个国际指标中的得分。两指数均是在 0—100 分区间内，分数越高代表一个国家的政府越清廉。

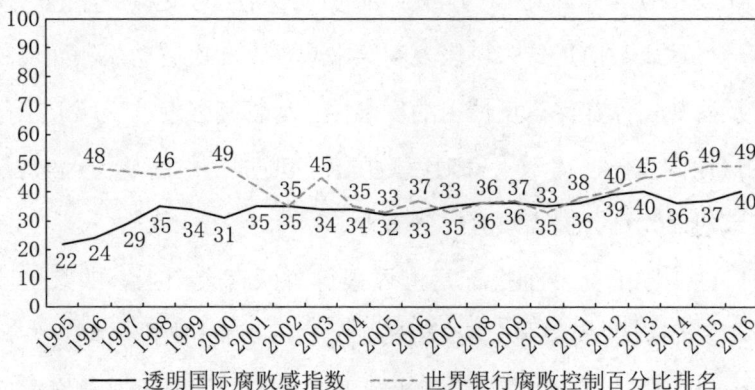

图 1　1995—2016 年中国的腐败指数变化

　　注：两指数均为 0—100 分区间，以 100 为最优。透明国际的指数为绝对分数。而世界银行则是对两百多个国家进行百分比排名，如 49 则意味着有 49% 的国家排名位于中国之后。

透明国际每年都会访问商界、学界人士和一般市民，从访谈中综合计算出各国的腐败感知度，并进行国际排名。分数在30到50之间表示政府腐败比较严重，30分以下则说明腐败泛滥。在2016年的评分中，176个国家中有近七成得分在50分以下，腐败俨然已成国际社会的一个普遍忧患。

从2000年开始，中国的得分基本稳定在35分上下，位居世界180多个国家中第85名左右。近10年来，虽然中国的得分时有下挫，但整体仍呈现出略微的上升趋势。

值得注意的是，中国的透明国际指数经历了一次下滑（2013—2014年，从40分跌到36分），对应着反腐工作的一次高峰，这个数值近年来已恢复到原来水平。此次波动从侧面反映了反腐败工作在民意反馈上的复杂性：尽管高强度的反腐败工作在短期内可能会导致大众对腐败的体感增加，但是从长远来看，廉政建设无疑会提高政府的公信力。

图1中的另一个指标是世界银行对两百余个国家的众多腐败相关研究进行综合分析得出的评级，以百分比排名呈现。自2010年来，中国的名次逐渐超越更多的国家，但政府清廉程度现在依旧处在世界中游。

在亚洲地区，我们可以参考政治经济风险咨询公司的评级，来了解中国的廉政程度在政治文化环境更为接近的邻国中的表现。该指标主要通过和商界人士的面对面访谈，了解腐败在各国的状况，10 分为满分，评分越低越清廉。

　　如果将中国大陆与东亚及东南亚 14 个代表国家或地区的平均分相比，我们会看到中国大陆的廉政程度与邻近地区依然有较大差距（见图 2）。

　　但是我们也注意到尽管中国与亚洲平均值经历着类似的上下波动（可能源于区域性的商业变动），中国的"振幅"从 2011 年开始有逐渐减小的趋势，这可能意味着市场对中国腐败的不确定预期也在逐渐降低。

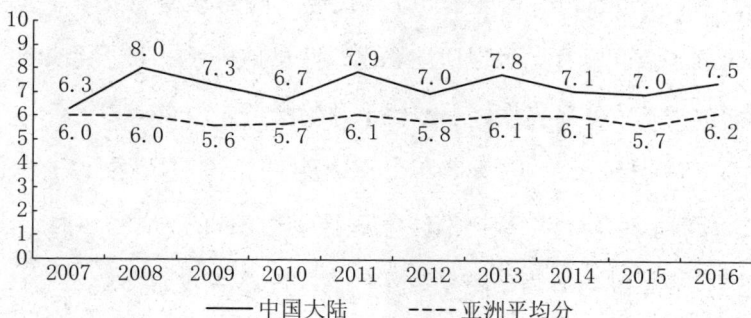

图 2　2007—2016 年对比中国大陆与亚洲国家或地区平均水平的清廉评级变化

　　注：评级在 0—10 分之间，以 0 为最优，10 为最劣。亚洲平均分是对 14 个亚洲国家或地区的评级进行加和平均（分别是柬埔寨、中国香港、印度、印度尼西亚、日本、中国澳门、马来西亚、菲律宾、新加坡、韩国、中国台湾、泰国和越南）。

　　数据来源：政治经济风险咨询公司。

　　鉴于腐败往往是隐藏的，上述三种评分都采用了受访者的主观印象来描绘一个国家的贪腐全貌。这就难免受到访问对象主观偏见的影响，因此我们应当批判性地分析这些指标。但是不可忽视的是这些指标在国际交往中，比如跨国企业做投资决策时，是会起到一些影响的，所以在国际对比中了解中国廉政建设的水平还是有必要的。

聚焦国内：腐败演变的多维度分析

目光转回到中国国内，如果透过时间的维度看待腐败的演化，我们会发现自 20 世纪 90 年代起，随着改革开放的深入，中国的腐败问题开始呈现质性恶化，涉及县科级以上干部或涉案金额巨大的大要案占案件总数比重开始增长。

有数据显示，在 1978 年，重大案件仅占腐败案件总数的 6%，而到 2000 年，该比例便急剧上升至整体的 30%。2001 年，涉案金额超过 100 万元的腐败案件占案件总数的 78.6%。

而副省（部）级以上的高层干部在腐败案件中的平均敛财数额更是出现惊人的飞跃，从 1978 至 1991 年间的 17000 元左右，飞涨到 2000 年后的 300 多万元。在一项收集了 2802 起腐败案件的研究中，官员平均不法敛财达 3000 万元之巨，其中处级、厅级和局级干部占比最高，达 64%。

从腐败的行业分布来看，在诸多公共领域，问题频发的是政府采购和承包，超过四分之一的腐败发生这两个领域。监管困难使得这两个领域成为各国政府反贪薄弱的部门。

　　紧随其后的是干部任命和选拔中的腐败。有研究显示，中国至少13%的腐败案件涉及买官卖官。这类腐败对国家有"去制度化"的严重破坏作用。

　　例如，2000年初发现的黑龙江省卖官案，组织部部长韩桂芝常年买卖政府和公共部门的多种公职。在她治下，腐败的链条顺着权力向下传递，一级级向下兜售官位。此类买卖得来的公权力注定腐败，公共权威沦为私人财产，国家森严的等级制度成为私权力集团牟利的工具。

　　这类案件的频发也暴露出中国干部选拔任用制度改革的弱点，尚未保证过程中公平与透明，差额选举的缺位和基层权利监督的无力使得买官卖官愈发肆无忌惮。

　　此外，房地产行业、采矿业、金融业都属腐败高发行业。上述行业高度依赖土地、矿产、资本等受到政府严格掌控的资源。土地和矿产还具有不可移动性，使得私企不得不依赖与地方政府的关系来获取资源，腐败程度更甚。

　　司法系统的腐败也值得高度关注。其中，收受贿赂、篡改判决结果是最常见的腐败手法。而司法造假、额外收费、泄露法律机密等，也是司法腐败的常客。司法腐败妨碍了司法公正，是冤假错案的一个诱因。

　　随着社会环境的变化，腐败的形态和特征也逐渐变得复杂。在改革开放早期，多数情况是个人腐败，比如贪污、挪用公款等非交易型腐败。随着经济发展，腐败变得更为隐蔽，并转型为行贿、受贿这类交易型犯罪，参与者也越来越多。

从 20 世纪 90 年代，中国出现了以窝案、串案为特点的集体腐败。腐败呈现网络化发展，政府内外参与者严密勾结、相互保护，给反腐工作造成很大难度。20 世纪 80 年代，发现并彻查一个腐败案件一般需要两年左右。然而到 2000 年以后，一个官员从首次作案到最终落马往往跨时 8 年或更久。比如反腐中落马的南京市市长季建业，实际上早在 20 世纪 90 年代初出任县领导时就已经涉贪，但直到 2015 年才接受审判。

集体腐败的组织规模也变得更为可观。比如 20 世纪 90 年代的远华走私案，犯罪集团首脑赖昌星买通了海关部门公安人员、地方官员、银行等众多相关人员，为走私活动撑起保护伞。东欧前社会主义国家的失败经验表明，有组织的集体腐败会通过对国家机关的渗透来捕获国家，从政治上破坏国家机构。

中国的腐败问题也有一定的区域特征。若是将腐败与经济改革路线联系起来，我们会发现各地主要的腐败模式及其演变均与经济改革同步。在改革开放时期，经济发达地区多为市场化形式的腐败案件，而欠发达地区和内陆地区则多为社会化的腐败问题。比如在广东、广西、海南、福建等沿海地区，腐败通常与走私案有关，在政府部门中，海关的腐败问题较为普遍。相比之下，欠发达地区通常会发生挪用政府援助、买官卖官和组织企业逃税等案件。此外，经济上需要依赖自然资源的地区的官员有较高的腐败倾向，即所谓"资源诅咒"。

上下求索：中国廉政建设前路仍漫漫

在过去的 40 年，中国主要采取了制度化与运动式治理相结合的反腐策略。在改革开放之后，中国重建了纪检司法机构，逐步形成了党和纪委领导下的多元机构负责制的反腐体系，配合中央发起的运动式腐败治理，争取把腐败限制在可控范围内。

自 20 世纪 80 年代以来，中国至少有过六次大规模的反腐浪潮。近年党和政府着力加强法治建设，建立反腐败的规章制度，例如增加反腐败法律的覆盖面、改革中央巡视组制度等，务求将廉政建设制度化、常态化。透过建立反腐制度并清晰界定贪腐行为，可以提高社会的稳定预期，让官员和公众明白哪些可为、哪些不可为，提高干部和广大民众对于腐败行为的警觉性。

十八大以来，习近平总书记领导的反腐工作引起了海内外媒体热烈关注。此次反腐，在时间长度、执法强度、调查人数和制度建设等方面均与过往的反腐运动形成了强烈对比，展示出高压反腐的新常态已经取代过往间歇性的反贪运动。

近年的反腐工作覆盖了各阶层、各公共领域的干部，包括党政机关、大型国有企业和军队。从 2012 年末至今，已有接近 5% 的党员接受了纪检部门的调查。

中央对反腐无上限的决心更是体现在对高官的严查上。仅习近平就任总书记的前三年，副省部级以上落马干部的数目就超越了过去 20 年的总和，以前不曾触碰的国级干部也有落马。

与此同时，纪检监察机构也进行了改革。中纪委加强了对纪委内人事管理和教育工作，对地方纪委的垂直领导。中央巡视组制度通过对人员编制、调查规限和安排上的重整，大大加强了对各部委、国企高校和地方的监察力度。

同时，中纪委通过网站建设、信息公开、新闻发布会、纪录片制作等方式有效地摘去了过去反腐工作的神秘面纱，提高了透明度。这有助于提高了公众对反腐工作的了解和反腐机构的信任。

中国当前正处于建立法治化、制度化反腐的宝贵的政策窗口期：党和国家领导人有坚定的政治决心铲除腐败分子，人民对遏止贪污腐败也有着强烈诉求，政研学界亦积极提出改革的设计构想及政策建议。

展望未来，他山之石，可以攻玉。中国可以量自身国情，从不同角度学习国外廉政建设的先进经验。

首先，在学习对象的选择上，可以着重于那些经历过从高腐败转型为较清廉的国家和地区。通过研究它们蜕变过程中的机遇与挫折，主要的参与和贡献方，帮助中国预见廉政道路上可能遇到的问题和可以借助的力量。

其次，对于那些国际公认的廉政典范，可以重点关注其反腐机构的内外架构设计。一方面探究他们机构内部的部门设立、协调、分工与监督；另一方面考察他国反腐机构与其他权力和公共部门的关系网络。在他国经验中寻找有助于消除行政程序羁绊、完善机构内外部监督机制、强化与社会群体的联系等措施，以便进一步提高纪检机关反腐效能和腐败免疫力。

第三，中国内地可以参考境外廉政工作的主攻方向，从理念上完善廉政体系。比如，新加坡和中国香港地区的廉政部门一直通过调查执法、预防及教育三管齐下的策略打击贪腐，扭转当地的腐败风气。随着腐败形势好转，中国可以逐步从惩罚腐败主导过渡到预防腐败主导，巩固廉政建设的成果。

最后，环顾四海成功反腐案例可以发现，健康的社会和政治文化是一国廉洁的重要基石。社会政治文化包含的不单是共同的价值观及目标，它会为人的行为订立界线。遵从这个文化的行动者更易被社会接纳，不遵从者会被视为异端。因此，若要根治腐败，上下合力构建廉洁的官场和社会文化，降低每个人容忍腐败的程度是走出高腐败陷阱的必经之路。

（本文作者感谢洪锦珊、黄国濠、金彦伯、刘天正和叶绮楹的研究辅助）

政商关系的中国道路

耿 曙

浙江大学社会学系文科百人计划研究员

改革倏忽已经四十年

40 年前一场历史巨变，开启了翻天覆地的变化，创造出我们今天的中国。处于历史时刻的前夕，本文将从政商关系切入回首中国改革开放的历程。看看过往的 40 年里，政商关系发生什么变化？它改变了什么？又受到什么制约？未来还将怎么变化？一方面纪念这激动人心的 40 年，另一方面也通过回顾过去，帮助理解当下，或能窥探未来。

说起"政商关系"，它不同于"政企关系"，虽然指涉对象类似，但政企关系侧重两类组织的互动，更加制度化，适合观察西方国家的政经体制。反之，政商关系强调两类人群的往来，更加个人化，有助于理解非西方国家的政经结构。当然，这里必须说明，虽然政商关系听来有点"界限不明，纠葛不清"，似乎带点寻租、腐败的味道。但下面会说到，"寻租"与"寻利"本就一线之隔，当年正是靠着政商关系，这才打开市场经济之门。当然之后的发展，政商关系也成了改革的对象。

所以，从政商关系切入回顾中国的改革开放，将别具意义与启发。毕竟，过去40年的社会变迁，主要由经济变化带动，经济活动又总脱离不了政、商间的互动。如果从这个角度着眼，我们不难发现：在过往40余年中，政商关系既驱动政经体制变化，也深受政经体制束缚。认准了这条线索，将更容易掌握中国改革的特征与步履。

基于上述目标，针对过往的政商关系，分三个阶段进行考察：（1）"八零结构"下的政商互动，约自20世纪80年代初期到90年代前半段，此时主要焦点是"政商关系复苏，逐步开辟市场"；（2）"九零结构"下的政商往来，约自20世纪90年代中期到21世纪10年代初期，此时变化的焦点在"国家市场磨合，变通体制巩固"；（3）当前政商互动结构，约自21世纪头10年初期迄今，这个阶段的焦点则是"国家强势振兴，中国时代来临"。

政商关系复苏，逐步开辟市场

先从掀起浪潮的20世纪80年代说起。撼动计划体制的浪潮当然是"由上而下"掀动的，但却是通过政商关系的传导，才一点点冲刷出市场运作的空间。政商关系的关键角色，还得从比较的角度才能看得清楚。话说从头，在改革开放总设计师邓小平的引领下，中国的改革开放其实是社会主义体制下的改革，而非改变体制的"革命"。但是看看20世纪60年代的苏联、东欧，既要保住计划体制，就难导入市场机制，所以到头来改革纷纷下马。中国情况却大相径庭，既基本维持体制，又成功创造市场，而蓬勃发展的经济，又回头抬高政权的威望。这样的"奇迹"怎么发生的？当时我正为准备论文，深入基层蹲点调研，发现不少鲜为人知的事例，透彻展示中国是怎么在计划经济的铜墙铁壁上，硬凿出市场运作的空间，其中要角正是活跃于基层的政商关系。

　　这里可以谈谈三类事例，说明政商关系怎么发挥影响。第一类事例，发生在20世纪90年代初期。此时的地方政府，无论就政策要求或领导理念，仍然偏向国有部门。但缺乏地方政府许可，处于体制外的乡镇企业与民营企业，基本没有竞争的机会，而若国有部门继续独大下去，市场机制根本没有空间。那么一切的变化从哪里开始呢？就是政商关系。原来对地方政府而言，一边是具有垄断优势的国营企业，自恃其无可取代的地位，对地方政府基本不予理会，另一边则是乡镇企业或民营企业，几乎都是费尽浑身解数，百般讨好政府官员。结果我们在基层看到的是，地方政府无论于公于私，都似乎还在保护着国营企业，但具体做法上，却一次又一次给乡镇或民营开口子，放宽各种进入障碍，容许他们参与竞争。地方政府为何这么干呢？原来对他们而言，要是不容许竞争者进入，企业就不会买他们的账，最好几家激烈竞争，他们才能居中有所斩获。根据我们的基层调查，市场就是这么开放的，竞争就是这么创造的。

当然，这样极其有限的开放，一般顶多只能做到寡占巨头间的竞争。再进一步的放开竞争，恐怕又不利于几家巨头的利益了，他们自然会利用之前的政商关系来防范进一步的开放竞争。

这又开始第二类政商互动的事例。原来眼见前述巨头分利有利可图，又诱发了另一波政商关系的积极活络：有来自外地的，往往背有靠山，要求硬分杯羹；也有常在本地的，或者船小掉头，或者多角延伸，或者通过关系，或者利害均沾，纷纷试图打入这个寡占市场。经过这一波波通过政商关系的"进入"攻势，基层一多半的商品、服务领域，就越来越走向竞争市场了。

当然，这都还是"小打小闹"式的区域市场竞争，要迈向全国统一大市场，还得通过第三类政商关系的事例。

在前两个阶段的基础上，由于企业百般结交政府，形成密切的政商互动，政府支持当地企业，企业也配合当地政府，逐步编织出一个个"地方利益共同体"。各共同体虽以政企联盟为核心，但彼此却在市场上相遇，通过各种产品进行竞争，终于慢慢扩张为全国性的竞争市场。有学者将这种地方政府带头的商业竞争，称为"中国式的财政联邦主义"。那么，"中国式的财政联邦主义"的特色，就在于密切的政商互动。

回顾"八零结构"，先通过政商关系运作，为市场经济开拓空间；而经济不断繁荣发展，又回头强化政府的治理威望。因此，虽然经济经历巨变，政府主导却丝毫未动摇。处于这样的国家—社会关系下，政商互动的结构，自然迥异于西方做法，但却类似传统中国。在结构上，企业必须嵌入国家体制，取得政府鼎力支持，放松各种管制，企业才能壮大繁荣；在运作上，企业又得借由个人网络，通过人际信任，超越体制内部分割，才能搭桥牵线，整合各种资源。从这个角度看，"八零结构"是从"左"的束缚中迅速解放，政商关系反而逐渐回归传统模式。

国家市场磨合，变通体制巩固

结束了"八零结构"，时序进入 20 世纪 90 年代中期。一方面国家遭逢了一些经社冲击（如经济过热、过度放权、金融危机等等），另一方面鉴于之前失控教训，国家因此提高了警觉。在这样的背景下，开启了朱镕基总理主导的一系列改革，包括央地分税、国企改革等，逐步迎来了"九零结构"。经过改革之后的体制，可以从两个层面考察。第一，整体的政商结构，受到"抓大放小"影响，政府掌控战略要地，让出部分经营空间，形成"政府"与"市场"的磨合、共处关系；第二，经过反复制度实践，之前国家介入、等级待遇之类"变通性的制度安排"（吴敬琏先生语），逐渐得到巩固夯实，似乎将长期延续下去。

处于这样的结构下，市场力量固然得到强化，国家权力也进一步伸展，进一步走向"中国特色"的政商关系。如果展开来说，那么整体法治环境有所改善，企业地位得到更好保障，经营空间也更为明确。但与此同时，政府对市场监管、资源配置能力也在强化。企业依附政府的总体格局并没有本质的改变。再退一步看，不同于20世纪80年代，国家尚未充分调适；到了20世纪90年代，政府已能娴熟驾驭。也因此，政府仍然牢牢掌握体制的"制高点"；另一方面，制度变迁仍然有其局限：处于"九零结构"之下，制度化是有底线、有选择的。在这样的权力基础上，企业仍难自由组织，进而部分制衡，甚至影响政府决策。

在这样的背景下，这个阶段的政商关系，仍是前一个时期的延续，但是经过逐年磨合，政府与市场取得妥协并良好互动。一方面，国家更加尊重产权、开放企业参与影响。另一方面，企业也尝试嫁接体制资源，积极投资生产，充分扩大获利。也就在这样"国家—市场大妥协"的基础上，中国一方面创造出增长奇迹，傲视全球；另一方面也见证腐败丛生，痼疾难疗。当然，在上述的整体趋势之外，也形成各种丰富多样的地方体制。一方面中央、地方有别，上游、大型企业纳入国家网络，下游、中小企业放给民间或者外资经营；另一方面，沿海面向全球开放，内陆挣扎转型求生。政商关系主线基本统一，但风貌各不相同。换言之，高层有高层的政商互动，低层有低层的政商往来，交织出一个国家主导的市场经济秩序。

国家强势振兴，中国时代来临

此后，不再出现什么重大的体制改革，直到中共十八大的召开，又掀起一轮历史性的巨浪，把中国带向了一个全新的阶段，大到国家方向，小到政商互动，处处显现出崭新的风貌。

十八大所迎来的变化，也许可以这么看：我们一方面对之前做法不尽满意，另一方面对未来挑战有所警惕，加上时机、条件天时地利，因此形成一场"由上而下"的体制重建运动。当然，就层次与规模而言，远远超过20世纪90年代晚期的政策调整。又经过近几年的展开巩固，我们可以清楚看到，政府已经彻底拿回发展的主导权、领航的制高点。

政商关系既然是经济体制的大梁，自然充分反映"国家中兴"的气象，具体表现为"亲与清"的政商关系。其中"亲"虽然更重要，但"清"应该更优先。通过强有力的自我监察、无死角的官员问责，创造出高效而清廉的行政部门，一扫之前政商往来中各种贪婪腐化。之后再在"清"的基础上，国家便能"我心如秤"地一方面引导，扶持产业发展；一方面监控，确保政策落实。换言之，中国将在"有为政府"（林毅夫语）的基础上，启动又一轮增长动能，再攀一个发展高峰。中国在举世之前，再实验一轮"政府主导"的发展方略。这是比战后"东亚奇迹"规模更大、超越世人想象的一次"中国实验"。

如果从政商关系角度来看，这条具有人类历史意义的"中国道路",主要特别在以下两点。首先,中国是在"全球时代"之中,逆势采行政府主导的发展道路。如我们所知,全球化潮流所至,各国政府无不应声弱化。但这样的趋势是否不可避免?政府能否因应与转化,在全球化的浪潮下,扮演较之前更加积极而重要的角色?其次,中国已渐挥别"追赶阶段",却仍坚持政府主导的增长模式。如我们所知,处于"低等收入"阶段,各国经常凭借廉价要素、技术模仿、规模生产取胜,此阶段政府经常可以充分主导。可是一旦迈向"高等收入"阶段,经济增长必须仰赖技术创新,但政府能否有效扶持技术创新,并引领产业繁荣?上述两个问题的答案都犹未可知,因此,中国的做法都将从根本上挑战传统认知。在这个意义上,正在迈开步伐的"中国道路"注定具有人类历史上的重大意义。正像当年的改革开放,人皆投向产权私有,中国却独辟蹊径,最终反得亮丽的成绩。

换言之,无论基于道路独特,或者体量巨大,"中国实验"都将对全球产生巨大而深远的影响。反过来看,当踏出"中国道路"的过程中,政商关系又将如何演变?首先可以确定的是,中国的政商互动,肯定不同于西方模式:或者市场逐渐脱离引导,催生"高度自律市场";或者企业反向掳获政府,形成"利益团体社会"。其次,经过这一轮的政府自我改革,中国不但将告别"市场转型",与东欧国家各奔前程;也将超越"繁荣演变",与东亚经验分道扬镳。中国政经互动的模式将航向何处?应该还是一个无法回答的问题,但必定可以就政商关系的演变,观察这出激动人心的历史大戏。

（本文写作过程中，曾得中国社会科学院的吕鹏老师、林盼老师，浙江大学的郦菁老师，华东理工大学的陈玮老师指正，谨致谢忱。）

后　记

2018年5月，编辑部开会讨论改革开放四十年的专题名。

70后老张问90后小江："在你的记忆里，改革开放四十年的关键词是什么？"

小江说："我出生那年，改革开放就是进行时了，所以对我来说，生来如此。"

经济学家张军说，最浪漫也最精彩的改革篇章发生在20世纪80年代。1993年是中国改革开放的分水岭。再往后的改革大都是技术性的了。

小江的感知和学者的判断是一致的。

但对于媒体而言，一些选题很常规，甚至毫无新意，但却是"必选动作"，比如改革开放四十年。如何将这样一个常规选题做出一点点不同？

编辑部从去年底就开始策划改革开放四十年专题。

方案一是以改革开放四十年为主题，招募青年学者通过田野调查从一个小角度反映四十年来中国的社会变迁。

方案二是向社会学、经济学、政治学和科技领域的国内外学者约稿，请他们从各自领域梳理四十年的变化，以及对改革开放下一程的展望。

因为方案一历时长，考虑到等项目结束可能错过改革开放四十年纪念日的时间节点，最终编辑部选择了方案二。

约稿，其实是一个无的放矢的工作。方向在那，但关键是要找到合适的作者。从找作者、确定文章主题、约定交稿时间、反复的催稿、编辑、作者审定到发布，前后历时半年，最终形成了由16位中外学者撰写的改革开放四十年专题。

小江反问老张："改革开放对你意味着什么？"

老张说："选择。"

社会学家周晓虹说，感谢我们的时代和历时40载的变革，它让中国人从我们这一代开始有了全新的人生和意义非凡的生活。

给如张军、周晓虹这些改革开放亲历者一个追忆四十年的出口，给小江这些90后、00后一个了解这段历史的入口，是这个专题的初心。

专题刊发后获得了广泛的传播，在澎湃新闻自有平台上的阅读量合计有300万以上。感谢16位作者对澎湃的信任，中国人民大学经济学院刘守英教授详细地讲述了自己一家人四十年的经历。

　　同时借此感谢北京大学汇丰商学院教授何帆、香港科技大学社会科学部讲座教授吴晓刚、香港大学博士生康思勤对本专题提供的学术支持。

　　老张说："专题名就叫'浪奔　浪流'吧。"

　　小江说："这个我知道,《上海滩》的主题曲。"

　　对改革开放认知反差极大的两个人终于达成了一致。

　　"浪奔　浪流",后面是"万里滔滔江水永不休"。

澎湃研究所编辑部

2018 年初夏　于上海

图书在版编目(CIP)数据

改革中国:十六位学者论改革开放四十年/澎湃研
究所编著. —上海:上海人民出版社,2018
ISBN 978 - 7 - 208 - 15443 - 8

Ⅰ.①改…　Ⅱ.①澎…　Ⅲ.①改革开放-概况-中国
Ⅳ.①D61

中国版本图书馆 CIP 数据核字(2018)第 219213 号

责任编辑　罗　俊
封面设计　零创意文化

改革中国
——十六位学者论改革开放四十年
澎湃研究所 编著

出　　版　上海人民出版社
　　　　　　(200001　上海福建中路 193 号)
发　　行　上海人民出版社发行中心
印　　刷　上海盛通时代印刷有限公司
开　　本　890×1240　1/32
印　　张　5.5
插　　页　2
字　　数　105,000
版　　次　2018 年 11 月第 1 版
印　　次　2018 年 11 月第 1 次印刷
ISBN 978 - 7 - 208 - 15443 - 8/D · 3280
定　　价　32.00 元